DOM SÉBASTIEN

DE PORTUGAL

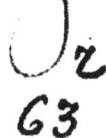

La reproduction est interdite en France et à l'Étranger.

DOM SÉBASTIEN

DE PORTUGAL

ou

LES MYSTÈRES DE LA BATAILLE D'ALCAÇAR

1578

CHRONIQUE PORTUGAISE

PAR

VICTOR DE HEAULME.

DE L'INSTITUT HISTORIQUE DE FRANCE,
VICE-PRÉSIDENT DE LA SOCIÉTÉ DES SCIENCES ET ARTS
DE LONDRES, ETC., ETC.

PARIS
CHEZ TOUS LES LIBRAIRES

—

1854

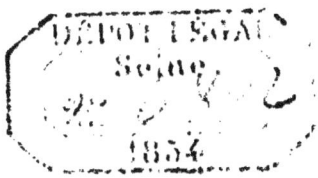

PRÉFACE

L'histoire du Portugal est féconde en épisodes remarquables; les annales de cette brave nation fourmillent de faits qui prouvent tout à la fois la sagesse de ses souverains et l'attachement d'un peuple peu nombreux, mais fidèle à sa religion, à ses institutions politiques, à son indépendance.

Si, donc, parmi tant de nobles actions de héros couronnés, parmi tant de dévouements populaires, nous avons choisi l'époque glorieuse et funeste du règne de Dom Sébastien, c'est que nous avons voulu payer, dans la mesure de nos forces, un tribut respectueux à cette héroïque mémoire royale, dont la muse tragique s'est emparée jusqu'ici avec plus de zèle que de succès.

Dom Sébastien méritait plus et mieux. Son vaillant caractère, sa sollicitude constante pour les intérêts d'un peuple qui le chérissait et qui, malgré les calamités de son règne, n'a point répudié, même après plus de deux siècles, la vénération qu'il professait pour ses vertus chevaleresques, tout enfin nous faisait un devoir de raviver des souvenirs qui seront l'éternel honneur de la civilisation et de l'humanité.

D'ailleurs, dans le temps où nous vivons, dans un temps où l'apostasie, cette lèpre de l'âme, est si fort en honneur, n'est-il pas convenable de rappeler les exploits même malheureux de ce noble champion de la chrétienté et de la civilisation, qui voulut achever sur le sol même imprégné du fanatisme musulman, l'œuvre grand et sublime si magnifiquement commencé par notre Charles Martel dans les champs de la Touraine?

Nous n'avons pas voulu faire un roman,

mais seulement retracer une esquisse historique. Nous avons essayé de peindre une grande figure, heureux si notre modeste plume n'a pas été au-dessous du sujet!

La fiction tient peu de place dans notre travail et nous ne lui avons donné que les proportions suffisantes pour jeter de l'animation et de la variété dans le récit, car les grandes et généreuses entreprises ont en elles la poésie de l'imagination et les féeries du cœur.

Maintenant que la brèche est faite, il ne nous reste plus qu'à convier ceux qui ont plus d'aptitude que nous à célébrer les grandes choses, (ce nombre doit être considérable en France) à planter le drapeau de l'épopée ou du roman historique sur l'édifice que notre zèle, beaucoup plus que notre vanité ou notre amour-propre, leur indique avec certitude et avec espérance.

Comte Victor de Heaulne.

DOM SÉBASTIEN

ou

LA BATAILLE D'ALCAÇAR.

DOM SÉBASTIEN DE PORTUGAL

ou

LA BATAILLE D'ALCAÇAR

1578

CHRONIQUE PORTUGAISE

CHAPITRE PREMIER.

Les Fêtes du Couronnement.

Le 6 mai 1575, Lisbonne était dans la joie. Le petit-fils et l'héritier du bon roi Jean III, le jeune et beau Sébastien recevait enfin des sages ministres qui avaient dirigé les affaires de l'État, pendant sa longue minorité, les augustes insignes de la puissance souveraine. Le prince hardi et belliqueux qui n'avait manié jusque-là que la lance et l'épée, allait savoir ce que pesait un sceptre; la cuirasse du chevalier allait faire place au manteau de pourpre et à la robe d'or et de perles; au casque à l'aigrette flottante, au cimier de bronze et de fer, allait succéder la couronne de l'antique Lusitanie, cette couronne forgée par les conquérants Goths, sanctifiée par la religion et illustrée par la victoire.

Le Portugal tout entier s'était associé à l'allégresse de la capitale du royaume, en envoyant à Lisbonne de nombreuses députations de ses universités, de ses basiliques, de ses magistrats et de ses corps de marchands et d'artisans. Ces députations, venues de tous les points du territoire, s'étaient mêlées aux vénérables membres des conseils de la couronne et tous ensemble étaient allés porter au jeune monarque sur lequel l'Église avait déjà imposé les pieuses onctions des rois très catholiques et très fidèles, leurs vœux, leurs suffrages et leurs bénédictions.

Dom Sébastien, en se voyant entouré de l'élite de la nation, en contemplant ces vieux capitaines, ces doctes conseillers, ces graves ministres, ces utiles citoyens qui promettaient, en pleurant d'émotion, d'être fidèles au roi comme ils l'étaient à la patrie, ne put s'empêcher de verser des larmes de bonheur.

« Que ne puis-je, leur dit-il, vous prouver
« ma gratitude, mon dévouement et mes senti-
« ments les plus intimes, autrement que par des
« promesses! Que n'ai-je à mettre au service de
« mon pays, les talents, le courage et les vertus
« de mes aïeux, de mes victorieux et vaillants
« devanciers! Ah! si Dieu ne m'a pas doué de
« ces précieuses qualités, de ces vastes talents qui
« font les grands monarques et les princes ma-
« gnanimes, il m'a gravé au fond de l'âme — ce
« Dieu que nous adorons tous — l'ardent désir de
« faire triompher sa sainte loi, de combattre les
« infidèles moins par le glaive que par la parole,
« de répandre sur mes peuples les trésors de la
« justice, de la concorde et de la paix, et de pro-
« téger, sous les auspices de la croix et par les
« armes bénies de mes soldats, les intérêts de
« l'agriculture, du commerce et de l'industrie.
« Voilà, mes chers amis, le but que je me suis

« proposé d'atteindre : je me confie à votre zèle,
« à votre fidélité, à votre dévouement, à votre
« loyale coopération pour fonder le bonheur du
« Portugal sur des bases inébranlables; pour
« replacer notre chère patrie au rang qu'elle a
« tenu, pendant tant de siècles, au milieu des
« nations. Si la paix est le plus désirable et le
« plus précieux des biens, la guerre est le plus
« héroïque des fléaux : employons donc tous nos
« soins à conserver cette paix sacrée; mais si
« une puissance ambitieuse et jalouse prétendait
« nous traiter en vassaux, si la foi de nos pères,
« si cette croix qui fut notre gloire et qui fait
« notre force, étaient menacées.... n'hésitons
« pas Saisissons nos armes et prouvons au monde
« que les Portugais sont encore les guerriers
« vainqueurs de la Castille et des Maures, et
« qu'ils n'ont oublié ni les palmes de Toro ni les
« lauriers de Ceuta (1). »

Les cris de vive le roi! vive Sébastien ! s'échap-

---

(1) En 1427, Jean I*er*, roi de Portugal, prit Ceuta, en Afrique; Jean II se signala à la bataille de Toro, contre les Castillans, en 1476.

pèrent de toutes les bouches et s'élancèrent de tous les cœurs. Un vieux laboureur, doyen de la députation du royaume des Algarves, s'approcha de Dom Sébastien et lui dit avec cette respectueuse franchise qui sied si bien à la vieillesse, quand elle s'adresse à la puissance :

« Les sentiments que vous venez d'exprimer
« devant nous, Sire, nous ont comblés de joie et
« d'espérance. Vous tiendrez tout ce que vous
« nous promettez, car vous avez retenu les le-
« çons de vos glorieux ancêtres, et le pur sang
« portugais coule dans vos veines. Oui, nous
« vous aimerons, oui, nous vous soutiendrons,
« oui, nous nous réjouirons ou nous mourrons
« avec vous, pour l'indépendance et la liberté du
« Portugal, pour la défense et la glorification de
« la croix, ce symbole impérissable de notre
« divine religion. Les laboureurs des Algarves
« comme tous les laboureurs de vos États, don-
« neront leurs derniers enfants, s'il le faut, et
« leurs derniers épis. Vous savez, Sire, que c'est
« à la charrue qu'on trouve les plus intrépides
« soldats et les plus sincères conseillers; ne vous

« faites pas faute d'avoir recours à nous : les
« grands princes font les grands peuples, et le
« Portugal sera libre et puissant du moment que
« son roi sera fier et courageux. Sire, je ne suis
« point un orateur, mais ma vieille mémoire se
« rappelle les bonnes maximes d'un autre temps.
« Souvenez-vous, souvenez-vous toujours de ces
« belles paroles de Jean II, l'un de vos augustes
« prédécesseurs : « Le prince qui se laisse gou-
« verner est indigne de régner ! »

Des acclamations, des clameurs, des vivats sans fin témoignèrent de la parfaite concordance qui régnait entre les opinions des laboureurs et celles des autres classes de la nation. Dom Sébastien, lui-même, applaudit à la rustique harangue du vieillard et lui dit en lui serrant la main :

« — Mon père, vous dites vrai et vous venez
« de me rappeler un mot que je n'oublierai ja-
« mais : Oui, le Prince qui se laisse gouverner
« est indigne de régner ! Je m'appliquerai de
« tous mes efforts à ne point mériter ce repro-
« che, et si la postérité me blâme, ce ne sera pas

« du moins pour des actes indignes de mon nom
« et de ma nation. Oui, ajouta le jeune roi avec
« enthousiasme, sous mon sceptre, le Portugal
« sera glorieux, libre et vertueux ; s'il cessait
« de l'être, je ne survivrais pas à ses revers. »

L'antique palais de *las Annonciades* qui conservait encore à cette époque l'architecture Visigothe ou gothique, dans toute son originalité et dans toute sa splendeur, s'anima alors comme au temps héroïque de ses premiers possesseurs. Les longues galeries, les voûtes ogivales, les parvis éclatants, les tours menaçantes se couvrirent des costumes les plus pittoresques et des armes les plus singulières. La simarre soyeuse du juge, les casaques de drap d'argent des docteurs de l'Université de Coïmbre et d'Oporto, les longues robes des physiciens de Lisbonne, les hoquetons parsemés d'étoiles d'argent et d'olives d'or des capitaines des troupes portugaises et des gouverneurs de villes, offraient un aspect plein de grandeur et de poésie. Et lorsque des salles du palais, on jetait un regard sur les cours vastes et spacieuses qui précédaient les divers bâtiments, on était frappé de la variété et de la richesse des uniformes de ces bandes de soldats dont les drapeaux étincelants au soleil des colonnes d'Hercule, rappelaient sur leurs plis de soie, troués par les flèches des Sarrasins ou par l'escopette des Castillans, toutes les grandes batailles où le Portugal avait lutté avec avantage, pour la croix et pour la liberté.

C'était aussi un tableau plein d'héroïsme et plein de splendeur, que de voir ces pertuisanes à trèfles de vermeil, ces lances à côtes étoilées sur lesquelles ruisselaient les rayons de l'astre créateur, ces sabres recourbés et fourbis à Damas, ces casques et ces boucliers, derniers et valeureux vestiges d'une stratégie qui s'éteignait. Parmi ces troupes de guerriers venus de tous les points du territoire portugais, pour saluer le jeune monarque et inaugurer son pavois, on remarquait les archers du royaume des Algarves, avec leurs vestes Sarrazines brochées de soie rouge et verte, avec leurs espardilles de chamois et leurs ceintures noires; à côté d'eux se distinguaient par la coupe bizarre de leurs vêtements, les miliciens de la province de Coïmbre, avec leurs soubrevestes de cuir fauve, leurs petits manteaux de poil de bélier, leur coiffure léguée par les Visigoths leurs ancêtres, et leurs courtes et terribles épées, qui tenaient tout à la fois du glaive des gladiateurs romains et du yatagan des Arabes; plus loin se déployaient en files serrées, les soldats des frontières de l'Estramadure, couverts, comme au xiiie siècle, d'une légère carapace de fer et armés de javelots plus meurtriers que les balles de fusil; mais ce qui attirait les regards du peuple, ce qui fixait pardessus tout l'attention et la curiosité des étrangers, c'était la garde personnelle de Dom Sébastien, garde qu'il avait formée sous le titre de *Phalange*, et qui réunissait toutes les armes et tous les genres de courage. Cette phalange composée de trois mille hommes, comprenait un corps d'infanterie, un corps de cavalerie et un corps d'artillerie. L'uniforme et l'armement de ces diverses troupes étaient imités des Français, car c'est un des plus beaux priviléges de la France que de servir de modèle à tout ce qui est spirituel, utile ou glorieux, et les armes modernes dont ces soldats étaient munis, avaient été fabriquées en France; les six pièces de canon même qui, la gueule béante, étaient rangées sur le front de cette phalange, étaient un présent que Henri II avait fait jadis au roi de Portugal.

Cette fleur de l'armée était toute composée de noblesse; les soldats étaient des gentilshommes et les officiers appartenaient aux plus illustres maisons du Royaume. Aussi les croix de diamants, les chaînes d'or, les chanfreins d'argent, les aiguillettes de brocard se mêlaient-ils au fer des armes, au cuivre des instruments de guerre, au bronze des boucliers et des armures. Le jeune roi s'était réservé le commandement suprême de ce corps d'élite et les officiers fiers de cet auguste patronage, semblaient défier les périls, gourmander la paix et jeter en quelque sorte sur les autres troupes non moins vaillantes, mais plus silencieuses que cette jeunesse dorée, un regard dédaigneux.

La fête du couronnement de Dom Sébastien

n'était pas circonscrite dans les cours du palais et autour des étendards de l'armée ; elle était partout où le peuple se trouvait ; l'allégresse publique éclatait de tous les côtés et les transports de l'ivresse populaire se manifestaient dans chaque rue, dans chaque carrefour, sur chaque place de la capitale aussi franchement que sous les fenêtres de la résidence royale.

Les sages mesures prises par les ministres avaient permis à Dom Sébastien de gratifier le peuple de splendides délassements sans trop surcharger le trésor public. Au point de vue de la philosophie, ces bruyantes fêtes où l'on brûle en poudre et en lampions, où l'on consomme en vins, en spiritueux et en mille autres choses les revenus annuels d'une seule province, sous prétexte de célébrer l'avènement d'un nouveau roi, la naissance d'un enfant ou l'anniversaire d'une reine, sont d'énormes folies et de stupides prodigalités ; mais sous le rapport de la politique, il n'en est point ainsi. Le peuple est un enfant auquel il faut des hochets. Amusez-le donc avec des fêtes ou avec des victoires ; c'est un enfant curieux, divertissez-le avec des fêtes; c'est un enfant impatient, volontaire et mutin, mettez-lui ces brillantes lisières qu'on appelle l'honneur national ou l'amour de la gloire. Le peuple aime et admire, non pas les princes qui lui donnent du pain, mais les princes qui lui apportent des trophées et des lauriers. Voyez dans notre France, se rappelle-t-on qu'il y avait un Dagobert qui vendait sa vaisselle d'or et d'argent pour nourrir ses sujets au temps de famine? Qui pense à Louis XII qui fut pourtant surnommé le Père de la Patrie? C'est à peine si l'on songe au bon Henri IV qui voulait que chaque dimanche le paysan pût mettre la poule au pot. Mais on sait sur le bout du doigt les noms de Louis XIV et de Napoléon qui, par leurs guerres incessantes, ont décimé les populations de leur siècle, et qui en revanche ont couvert la France de richesses et de gloire.

Les ailes de la victoire sont les tables légères sur lesquelles les nations inscrivent leurs douleurs et leurs angoisses; ces inscriptions s'effacent à la fumée de la poudre et il ne reste dans le cœur des hommes que le souvenir des batailles gagnées et des conquêtes accomplies !

Et ensuite dans une grande ville, les fêtes compensent largement, compensent au centuple les dépenses qu'on a été obligé de faire et les sacrifices qu'on s'est imposés. La politique habile ne perd pas de vue ces avantages, constatés d'ailleurs par des chiffres irrécusables (1). On aura donc des fêtes publiques tant qu'il y aura des gouvernements réguliers, et lorsque les nations n'auront plus à célébrer ni victoires de guerre, ni couronnement de rois, ni mariages

---

(1) Lorsque Louis XVI monta sur le trône, il voulut réduire les fêtes de son sacre, en raison de la pénurie du trésor public et du déficit des finances. Ses ministres lui firent entendre qu'une économie de cette nature serait plus nuisible à l'État qu'une dépense de douze à quinze millions. Le sacre et le couronnement eurent lieu en effet comme d'habitude, et un mois après cette cérémonie les ministres montrèrent au roi, sur des documents authentiques, que les fêtes du sacre avaient rapporté à la France, tant par les canaux de la consommation que par l'énorme affluence des étrangers qui étaient venus y assister, la somme de 52.750,842 livres. La seule ville de Reims avait gagné par son commerce et ses locations plus de trois millions et Paris en avait gagné onze pour sa part.—Messieurs, dit Louis XVI, à ce compte là, je voudrais donner des fêtes à mon peuple tous les jours, mais pourtant, ajouta le roi, je préférerais réaliser le vœu de Henri IV: Une poule au pot sans feu d'artifice.

de reines, ni naissances de princes, elles seront bien près de leur décadence, entraînant dans leur ruine les arts, la politesse et la civilisation.

Les magnifiques jardins du palais de Las Annonciades, ces jardins où les orangers, les citronniers, les nopals, les sycomores, les cèdres et les palmiers croissent en pleine terre comme sur les rives de l'Euphrate et du Nil, comme sur les sommets de l'Athos et du mont Liban, resplendissaient aux rayons d'un soleil prodigue et créateur; sous les vastes ombrages, sous les rameaux gigantesques de leurs luxuriants feuillages, les arts avaient jeté des arcs de triomphe, des obélisques, des colonnes rostrales, des trophées et des pyramides de victoires; chaque monument improvisé par la peinture, la sculpture et l'architecture rappelait une date patriotique, une époque glorieuse dans les annales du Portugal. Ici, c'était la prise de Ceuta, 1427; — là, la bataille de Toro, 1476; — plus loin, l'expulsion des Maures, 1498; — les conquêtes de Vasco de Gama, d'Alvarez Cabral et d'autres grands hommes de mer, explorateurs de cette partie du monde à laquelle l'heureux Améric Vespuce donna son nom, 1503; — l'ambassade de David, roi d'Éthiopie à Jean III, 1526; — la cession par le roi de Camboye de la forteresse de Diu, 1537; — l'envoi de saint François-Xavier dans les Indes pour convertir les idolâtres, 1538.

Cette ingénieuse façon d'offrir, au milieu de l'appareil d'une fête, au sein même de l'allégresse et de la joie, des leçons d'histoire, d'entremêler aux éphémères fracas d'une solennité nationale les grands souvenirs, les mémorables enseignements de l'honneur et de la vertu, était digne d'un prince tel que Sébastien voulait être, et de ministres tels que ceux qui lui donnaient des conseils. Aussi ces merveilleux talismans produisirent-ils un effet supérieur à celui qu'on en attendait. Le peuple, auquel on avait jeté ces planches héroïques, pour qu'il pût traverser les limbes qui séparent le présent du passé, s'aventura bravement dessus, et le mirage des événements anciens venant s'associer au prestige féérique des événements auxquels il prenait part en ce moment, il en résulta dans tous les cœurs et dans toutes les intelligences un redoublement de respect pour le trône, d'enthousiasme pour les grands capitaines et d'amour pour la patrie. Depuis soixante ans, avons-nous vu en Europe beaucoup de fêtes nationales qui aient porté des fruits aussi patriotiquement beaux?

Quand la nuit fut venue, quand le soleil sur son char de feu eut cessé de répandre ses nappes d'or et de saphir sur les immenses jardins qu'on pouvait prendre pour les jardins des Hespérides ou pour les forêts d'Érimanthe, des milliers de clartés brillèrent dans toute l'étendue du parc, et mêlèrent leurs éblouissantes lueurs au vert feuillage des arbres, aux fleurs odoriférantes des orangers, aux dômes aériens des platanes et des cèdres. Les girandoles de flamme, les gerbes de feu, les chapelets d'étincelles associèrent alors leurs teintes pourprées à la sombre harmonie des chevelures gigantesques du chêne et du sycomore, et tandis que chaque arbre s'illuminait ainsi des ardentes couleurs de Lucifer, tandis que l'oranger, le citron, l'humble datte, se balançaient au souffle du zéphir et à la chaude haleine de ces mille flambeaux de la nuit, tandis que la lune, blanche reine des ténèbres, se levait placide et radieuse au milieu de sa cour d'étoiles et de planètes silencieuses, de puissants instruments de cuivre, enlevés par un jour de victoire aux Sarrazins, faisaient retentir les bois mystérieux de leurs accents titanesques et de leurs soupirs d'airain. Enfin, pour couronner cette journée mémorable, un Florentin nommé Pedro Zamolini, savant dans l'art de la pyrotechnie, avait composé un feu d'artifice qui résumait en quelque sorte toute l'histoire militaire et religieuse du Portugal. Après les fusées, les boîtes, les soleils et ces mille détonations que le nitre et le soufre font éclore et qui parodient les fulgurantes magnificences des tonnerres du ciel, l'habile canonnier, c'est ainsi qu'on appelait alors les artificiers, avait ménagé pour tableau final l'effet le plus sublime et le plus propre à faire tressaillir les fibres d'un peuple chrétien, fidèle et brave. Le *buccetto*, le bouquet, comme nous disons aujourd'hui, représentait le Portugal sous la figure d'un mâle et robuste guerrier qui portait entre ses mains valeureuses une framée ou hache d'armes et le labarum du grand Constantin, avec l'immortelle devise : *In hoc signo vinces.* L'Inde, que les Portugais avaient découverte et soumise, s'offrait sous les traits d'une femme belle et puissante, agenouillée près du bouclier aux armes de l'antique Lusitanie, et qui semblait, par ses regards pleins d'amour et de flamme céleste, implorer la protection de son vainqueur; à la gauche du soldat, on voyait, prosterné et le front dans la poussière, un Sarrazin vaincu, cherchant à cacher par l'humilité même de son attitude, la honte de sa défaite et la rage de son fanatisme aux abois. Au dessus du guerrier et sur le sommet d'une montagne de laquelle partaient incessamment des palmes de feu, des auréoles et des couronnes, on voyait resplendir, éclairé magnifiquement par les rayons de Jehova, le grand et généreux saint François Xavier (1), ce véritable apôtre des Indes, cet

(1) François-Xavier peut et doit être compté parmi les enfants de la France; né au château de Xavier, au pied des Pyrénées,

intrépide argonaute de la foi, ce soldat du Christ, qui essuya plus de larmes que l'esclavage n'en faisait répandre, et dont les vertus surhumaines

d'une famille noble, en 1506, il vint, après avoir commencé ses études dans son pays, les achever à Paris, où il fut reçu maître ès-arts, dans la pensée de se faire recevoir docteur de Sorbonne. Ce fut à Paris que, s'étant lié d'amitié avec Ignace Loyola, fondateur de la compagnie de Jésus, il renonça dès-lors à ses projets et devint l'un des premiers membres de cette association célèbre qui, sous le nom de Jésuites, rendit, malgré les dires de ses détracteurs, d'importants services aux lettres, à la religion et à l'humanité. François alla d'abord en Italie, où il servit les malades dans un hôpital de Venise et où il fut ordonné prêtre. Il ne quitta les pauvres et les malades que pour s'élancer, à la voix d'Ignace, son chef et son ami, dans la lice périlleuse des missions. François Xavier visita tour à tour Goa, la côte de Comorin, Malacca, les Moluques et le Japon. Son extérieur était si prévenant, sa parole était si touchante, ses mœurs et sa charité étaient si pures, sa foi si vive et son amour de Dieu si doux et si communicatif, qu'il convertit au christianisme plus de cent mille idolâtres. Son évangélique mission ouvrit aux Portugais et aux autres nations de l'Europe des pays où jusqu'alors ils n'avaient pu pénétrer. Les sciences, le commerce et l'industrie profitèrent de ces conquêtes pacifiques avec plus de fruit que de toutes celles faites avec l'épée. Xavier, épuisé par les fatigues, les prédications, et les tortures de toute espèce, mourut le 2 décembre 1552, dans une île sur les côtes de la Chine, à l'âge de quarante-six ans. Avant de rendre le dernier soupir, il partagea ses conquêtes entre ses disciples bien aimés. « Persévérez, dit-il, dans le bien « que j'ai voulu faire. Le martyre vous attend peut-être, mais « qu'importe ! cette palme que Dieu réserve à ceux qui le ser- « vent n'est-elle pas assez belle pour compenser la perte de « quelques misérables jours en ce monde ? » Les disciples obéirent, et sur cinquante-trois qu'il laissa, trente-sept arrosèrent de leur sang la croix qu'ils plantèrent sur la terre idolâtre.

vivent encore dans les contrées lointaines, où il a porté les semences de la liberté avec le flambeau de la religion et de la vérité.

Cette flamboyante apothéose enivra tous les cœurs, et exalta tous les courages. Dans cette auguste effigie d'un grand homme, d'un savant docteur, d'un généreux citoyen qui semblait, du haut de son piédestal de feu, prier le Dieu des armées pour la prospérité du Portugal et pour la conversion des infidèles et des idolâtres, le peuple crut voir la révélation subite des destinées futures du pays. Il se tourna vers son jeune roi qui, assis sous un dais de pourpre au milieu de ses capitaines et de ses courtisans, s'associait de toute l'énergie de son âme de lion et de toute la force de ses croyances de chrétien, à ce spectacle ravissant, et proclama, trois fois de suite par d'immenses acclamations, que les fils de cette terre généreuse étaient prêts encore, à l'exemple de leurs glorieux ancêtres, à tout entreprendre et à tout affronter pour le triomphe de la religion et de la patrie. Et quand le jeune monarque, électrisé par ces cris de l'enthousiasme populaire eut placé sa main sur son cœur, quand il tendit son bras, armé de la vaillante épée de Jean II, vers les panoplies du feu d'artifice qui s'éteignait, comme pour jurer qu'il serait fidèle à Dieu et au peuple, des vivats plus expressifs, plus universels, plus sympathiques encore, éclatèrent de nouveau : et cette alliance muette de la pensée du prince et de la nation fut saluée par cent coups de canon que les forts de Belem et de Saint-Julien, les deux sentinelles maritimes de Lisbonne, tirèrent simultanément. Un étranger, placé sur la haute tour de la capitale, aurait pu croire, en contemplant ces incroyables masses de fer qui se dressaient de toutes parts, en écoutant les formidables échos qui répétaient à l'envi les vœux du peuple et les grondements du bronze, qu'un nouveau comte Julien essayait encore une fois d'envahir le pays à la tête d'une armée Sarrazine, ou qu'un volcan souterrain — pareil hélas ! à celui qui, deux siècles après, renversa les édifices et les maisons de Lisbonne — vomissait de ses cratères infernaux ces torrents de bitume et de lave qui transforment en quelques instants les cités les plus belles et les plus florissantes en lacs de flammes et en sépulchre ardent.

Et comme si ces miracles de l'industrie humaine, ces applications merveilleuses de la science et de l'art n'eussent point suffi pour rehausser l'éclat des fêtes du couronnement du jeune souverain qui devait retremper les armes du Portugal dans les eaux héroïques et saintes du Granique et du Jourdain, comme si les éclats foudroyants du tonnerre des batailles et le bruit des symphonies retentissantes du temple de Jérusalem et des tours crenelées de Jéricho, n'eussent pas suffi pour imprimer à la cérémonie auguste qui venait de s'accomplir, le cachet immortel de la régénération sociale et de la splendeur militaire, la poésie, cette fée divine, cette prophétesse et cette consolatrice des peuples, lançait au ciel ses dithyrambes d'or et de feu, ses stances d'azur et d'opale, et chaque dactyle de ces hymnes souverains, avant de voler vers le firmament, frappait le cœur des Portugais, en leur rappelant ce qu'ils avaient été et ce qu'ils devaient être. Ces strophes brûlantes, ces chants d'amour et de fièvre guerrière, ces oracles ruisselants de victoire et d'images sublimes, étaient des fragments tirés du poème de la *Lusiade*, et Camoëns, l'Homère et le Jonas de la Lusitanie, conduisait lui-même, tantôt sous les voûtes de marbre du palais, tantôt sous les dômes de feuillage des jardins, les corps de symphonistes, éclatantes et douces voix recrutées parmi les enfants de chœur des maîtrises des cent trente-trois églises paroissiales de Lisbonne et de sa banlieue.

Et quand les derniers feux furent éteints, quand les derniers chants eurent cessé, et que les derniers bruits de cette foule furent endormis, on semblait encore entendre les ondes du Tage et les vagues écumantes de la mer qui viennent baigner les remparts de Lisbonne, répéter à leur tour : Vive le Portugal ! Vive le roi Sébastien !!!

CHAPITRE II.

L'Aurore d'un nouveau règne.

A peine investi de la plénitude de la puissance royale, Dom Sébastien ne tarda pas à prouver qu'il avait profité des leçons de son aïeule Catherine, des enseignements de son grand-oncle le cardinal Henri et des sages avertissements de son gouverneur, le savant et vertueux Manazès (1). Il s'appliqua à soulager ses peuples par

(1) A la mort de Jean III, surnommé le Salomon du Portugal, la régence fut confiée à l'aïeule de Sébastien, qui n'avait alors que trois ans, la mère du jeune roi étant trop jeune elle-

la diminution des impôts, étudia la politique et
l'art de la guerre, honora la religion et ses ministres, sans descendre, comme Henri III, roi
de France, son contemporain, jusqu'aux prati-
ques monacales, qui rapetissent un souverain
et lui font perdre l'estime de ses sujets, et dé-
ploya une rare et précieuse énergie dans toutes
les actions et toutes les résolutions qui sont l'es-
sence du pouvoir suprême. Accessible pour tous,
miséricordieux, libéral, charitable même, ami
du soldat, Dom Sébastien se montrait cependant
inflexible quand on transgressait les lois civiles
ou lorsqu'on négligeait les devoirs militaires. Il
voulait, — et il avait raison, — que les juges
fussent purs de toute souillure, que le clergé fût

même pour diriger les affaires de l'État. Le cardinal Henri, grande oncle du prince succéda à la régente Catherine qui, peu d'années après, se retira dans un couvent pour ne plus penser qu'au ciel et faire son salut, disait-elle; dans sa retraite elle emporta la tendresse et les bénédictions d'un peuple qui l'aimait, et elle entra au cloître avec le beau surnom de *Mère de la Patrie*, que la nation lui avait décerné tout d'une voix dans ses *Fueros*. Alexis de Manazès, comte de Cataneda, l'un des plus savants et des plus vertueux hommes de son temps, fut le père du célèbre archevêque de Goa, qui devint vice-roi de Portugal sous Philippe II, et mourut à Madrid en 1617.

tolérant et modeste, que la hiérarchie sociale fût observée avec soin, et que la discipline dans l'armée ne fût pas un vain mot. Il exigeait que ses ordres fussent exécutés avec promptitude, dévouement et précision, et il ne souffrait pas que les plus élevés mandataires de l'autorité publique se reposassent sur des subalternes du soin de la vie, de la fortune et de la sécurité des citoyens. Sa vigilance à cet effet était extrême, son ardeur de toutes les heures et de tous les instants. Parfois, sans être attendu, il arrivait dans le palais où l'on rendait la justice, et suivait avec attention les délibérations des juges, et lorsqu'une sentence inique, un arrêt, évidemment dictés par la passion ou par l'esprit de coterie, étaient sur le point de se produire, rompant l'incognito dont il était couvert, on le voyait s'asseoir au milieu des juges et prononcer une décision plus conforme à l'équité et au bon droit ; il hantait aussi les hôpitaux et les casernes à toute heure du jour et de la nuit, et s'assurait par ses yeux de l'état des malheureux et des besoins du soldat. D'ordinaire, quand les chefs visitent les asiles de la douleur ou de la vieillesse, il n'est pas rare de rencontrer des hommes publics qui, sous le nom de directeurs ou d'économes, administrent le patrimoine des pauvres, ont grand soin de masquer leurs rapines et leurs déprédations par d'obséquieux compliments ou des génuflexions serviles. Ils jettent ce jour-là une chemise blanche sur le corps décharné de la misère agonisante, et quelques livres de bœuf de plus dans la marmite complice de leur rapacité; on a parfois la précaution de recommander l'enthousiasme et de graisser la gamelle, mais la vérité reste toujours sous le boisseau. Dom Sébastien prétendait l'en faire sortir, et il y avait réussi, car, menacés constamment par la vigilance incessante du roi, ces administrateurs d'hôpitaux que notre Lesage a si bien peints dans son immortel roman de *Gil Blas*, tous ces hommes qui tenaient la vie du peuple cadenassée dans un lit de torture ou sur un lit de camp, redoutaient la juste sévérité du monarque, et se faisaient probes, équitables et humains pour ne point encourir des punitions exemplaires ou des reproches flétrissants. Si la volonté irrésistible d'un seul est respectable et sacrée, c'est quand elle oppose, à la rapacité des concussionnaires et à la tyrannie des méchants, l'opprobre de la disgrâce méritée ou le glaive non moins terrible de la loi.

Pour l'accomplissement de ses ordres, pour la sûreté de l'Etat et même des plus obscurs citoyens, il n'y avait rien que Dom Sébastien ne pût entreprendre. Dans les histoires de son temps, on rapporte des aventures qui le placent au rang du calife Haroun-al-Raschid de glorieuse mémoire, et de notre sage et vénéré Louis IX.

Les commandants des forts de Belem et de Saint-Julien, qui ferment l'entrée de la rade de Lisbonne, avaient reçu l'ordre d'empêcher les embarcations d'entrer dans le port à compter du coucher du soleil. Une nuit, Dom Sébastien, qui ne donnait que peu d'heures au sommeil, veut savoir si la consigne est fidèlement exécutée. Il monte sur une tartane, accompagné de ses plus jeunes courtisans, à quelques milles de Lisbonne, et se présente hardiment à l'entrée de la rade. On lui fait des signaux à l'aide des phares, on lui tire quelques coups de canon à poudre. Le jeune roi, qui s'est décidé à tenter l'épreuve jusqu'au bout, passe outre et dirige toujours la tartane vers le port. A la vue de cette opiniâtreté coupable, les commandants des forts, sans se douter que la frêle embarcation qui les défie porte leur roi, se mettent en devoir de faire feu pour tout de bon. En un instant, la malheureuse tartane est littéralement criblée de mitraille et de grenades, et trois boulets sont entrés dans les œuvres-vives. Elle va sombrer, Dom Sébastien et ses audacieux compagnons se jettent à la mer et gagnent le port de Lisbonne, après bien des efforts et des dangers, car la mer était houleuse et les forts ne cessaient de vomir la mitraille par leurs vingt-quatre gueules de fer.

Le lendemain matin les commandants des forts de Belem et de Saint-Julien étaient mandés au palais, et Dom Sébastien, après les avoir félicités de leur conduite, les décora d'un grade supérieur dans l'ordre du Christ. « Vous avez man-

« qué me faire périr, dit le jeune roi, mais en
« périssant même, j'aurais honoré votre fidélité
« et béni votre vigilance. Souvenez-vous tou-
« jours de la nuit sébastienne, et ne perdez ja-
« mais de vue que le courage d'un soldat, son
« intrépidité, son zèle, ne seraient rien sans une
« obéissance aveugle aux ordres de son prince
« et sans une inébranlable fidélité aux prescrip-
« tions de la consigne. »

Une autre nuit, — mais cette fois seul et sans suite, — Dom Sébastien se mit à parcourir les rues de Lisbonne. Il avait appris que le magistrat chargé de la police de la capitale, pratiquant un peu trop l'axiôme romain *de minimis non curat prætor* (le préteur ne se mêle pas des petites choses), s'était exonéré de la partie la plus importante de ses fonctions et laissait à des inférieurs, ou incapables ou tièdes, le soin de veiller à la tranquillité de la ville pendant la nuit. Le roi sort donc de son palais sans armes et bat le pavé de Lisbonne pendant deux heures sans rien rencontrer qui soit de nature à fixer son attention. Au détour d'une rue qui conduisait vers le port, quartier habité par des taverniers et des matelots, il aperçoit un Maure qui veut s'enfuir à son aspect. Dom Sébastien court après lui et l'arrête.

— Qui es-tu? lui dit le roi.

— A ma couleur et à mon habit, vous le voyez du reste, répond insolemment l'homme; je suis Maure, je suis esclave et je profite d'un moment d'ivresse de mon maître pour m'enfuir; l'esclavage m'est insupportable et je préfère la mort à une si dure servitude.

— Tu ne t'en iras pas ainsi, répliqua le roi.

— Et qui êtes-vous, vous-même, pour empêcher un pauvre malheureux de redevenir libre par la fuite ou par la mort? fit le fugitif.

— Je suis un observateur fidèle de la loi et, à défaut des magistrats, je me fais son champion et son défenseur, riposta le monarque.

— Billevesées que tout cela, répliqua le Maure en voulant passer outre; si vos lois étaient justes et humaines, si vous suiviez exactement les préceptes de votre religion qui vous prescrivent de ne pas traiter les hommes, vos semblables, comme des bêtes de somme et de vil bétail, vous n'auriez pas besoin de songer à la défense de ces lois; c'est leur cruauté, c'est leur absurdité même, qui vous obligent à les soutenir avec des chaînes, des bourreaux et des soldats. Voyez si Dieu, pour se faire aimer et pour se faire obéir, a recours aux menaces et aux tortures : il est tout miséricordieux, parce qu'il est tout puissant et tout aimable. Encore une fois, laissez moi poursuivre ma route et ne me forcez pas à devenir coupable d'un meurtre, quand je ne veux que ressaisir un bien naturel dont je dois jouir aussi bien que vous : la liberté.

— Tu ne passeras pourtant pas, dit Dom Sébastien, et tu vas me suivre de gré ou de force au prochain corps-de-garde.

— Oh! pour cela, non, dit le Maure, et dussiez-vous me tuer, je ne vous suivrai pas.

Une lutte, lutte terrible et désespérée s'engagea alors entre le prince et le Maure. Celui-ci plus robuste que Dom Sébastien ou exalté par la convoitise d'une délivrance prochaine, terrassa son adversaire et le saisissant à bras le corps se disposait à le jeter dans le Tage, lorsqu'une patrouille de hallebardiers royaux attirés par les cris des combattants, accourut fort à propos au secours de Dom Sébastien, et comme le *deus ex machinâ* des comédies antiques, mit fin à la controverse et à la lutte qui en avait été la suite, en conduisant au poste les deux champions qui furent reconnus, l'un pour le roi, l'autre pour un esclave.

Dès le lendemain, Dom Sébastien fit venir le magistrat de police, et après lui avoir reproché d'un ton sévère et d'un front irrité sa nonchalance et son incurie, il ajouta :

— Je veux bien pour cette fois, mais pour cette fois seulement, oublier les effets d'une négligence qui a failli me coûter la vie ; et rappelez-vous bien que si pareille faute se renouvelle, je vous dépouille de votre robe magistrale et je vous envoie aux présides d'Afrique (les galères), pour y méditer à loisir au milieu des scélérats, sur les périls que la société court, en laissant à des fonctionnaires indignes, le soin de son repos et de sa sécurité. Rappelez-vous aussi, et faites graver sur les murailles de votre maison ces paroles qui serviront de programme et de règle de conduite à vos successeurs : le magistrat de police d'une grande ville ne doit pas dormir : il doit vivre et mourir debout.

Le grand Napoléon exprimait la même pensée, quand il répondait à M. le comte Dubois, préfet de police, qui s'excusait de n'avoir pas été informé de menées alarmantes dirigées contre le gouvernement, parce qu'il était à *sa maison de campagne*. « Monsieur, *la maison de campagne* « *d'un préfet de police est dans les rues de Pa-* « *ris!* »

Dom Sébastien fit venir aussi le Maure.

— J'ai payé ta rançon, lui dit-il, retournes si tu veux, dans ton pays; vas dire à tes compatriotes qu'un monarque chrétien sait aussi bien qu'un souverain musulman observer la loi de Dieu et la loi naturelle. Mais, ajouta-t-il, je ne veux pas qu'on vole même sa liberté ; les individus et les nations qui escamotent leur indépendance ne sont pas dignes de la conserver; car ce n'est pas par la ruse et la violence qu'on cesse d'être esclave, c'est par la patience et par la vertu.

Cette magnanimité, cette résolution généreuse, touchèrent le Maure jusqu'aux larmes ; il se jeta aux genoux du roi :

— Sire, s'écria-t-il, je n'accepte la liberté que vous venez de me rendre, qu'à la condition de vous consacrer ma vie, Hamdil qui vous a montré la force de son bras, vous prouvera ce que peut le cœur d'un Maure. Vous jugerez le fanatisme de mon indépendance, par le fanatisme de mon attachement à votre royale personne.

Et en effet le Maure resta auprès de Dom Sébastien dont il devint, comme on verra plus tard l'un des plus zélés et des plus dévoués serviteurs.

Au surplus, Dom Sébastien n'était pas un homme ordinaire ; avec toutes les vertus héroïques d'un guerrier, il avait les vues grandioses et solides d'un homme d'Etat et d'un politique au dessus du vulgaire. Il avait conçu un plan digne d'un prince chrétien et d'un monarque profondément instruit des besoins et des exigences de la civilisation. Ce plan a été injustement jugé par les historiens qui critiquent ou qui approuvent la conduite d'un souverain, suivant le plus ou le moins de succès de ses entreprises. A leurs yeux, Henri IV n'aurait été qu'un aventurier s'il n'avait pas gagné les batailles d'Ivry et de Fontaine-Française, qui lui aplanirent les avenues du trône des Valois. Par suite de cette singulière manière d'apprécier les faits, Napoléon lui-même aurait commis une faute en faisant son expédition de Russie en 1812, de même que Charles XII, en acceptant dans les marais de Pultawa la bataille qui fut si funeste à la Suède. Et cependant pour les esprits judicieux qui vont au fond des choses, l'empereur Napoléon est loin d'avoir commis un acte de folie et d'insatiable ambition, en poursuivant sa grande et noble idée du blocus continental jusqu'à Moscou. Là était le nœud de la question, là se trouvait la solution du problème qui renfermait toutes les destinées futures du globe; ce n'était pas seulement ce que les publicistes de nos jours appellent encore le colosse russe, que le vainqueur de Marengo et d'Austerlitz pourchassait au delà des steppes de la Pologne et des flots glacés de la Moscowa; c'était la corruption, le monopole anglais qu'il voulait atteindre; c'était la liberté des mers — non pas une liberté menteuse comme la pratiquent les insulaires, inventeurs de l'abolition de la traite et du droit de visite — que le grand Napoléon voulait conquérir sous le dôme même du Kremlin, préservé pour toujours de l'alliance britannique. Les Anglais savent bien, et mieux que personne peut-être, la véritable origine de nos désastres de 1812 à 1815, qui n'ont pas eu pour unique cause le déchaînement prévu jusqu'à un certain point des éléments. Oui, il est même reconnu que les défections amenées par une influence corruptrice, que la trahison de nos alliés, des troupes qui devaient nous aider à remonter audelà du Dnieper, sur le char de la victoire dont nous étions un moment descendus, nous ont été plus cruelles et plus fatales que cette retraite de Russie, dont les romanciers militaires et les écrivains d'état-major, ont à dessein grossi les proportions. Nos pertes ont été considérables sans doute, mais si le corps prussien de Yorck, si les soldats de la Saxe, de la Suède, de l'Autriche elle-même, n'avaient point passé dans les rangs de nos ennemis, n'aurions-nous pas pu, par un mouvement de reprise offensive, refouler ces légions russes qui n'avaient pu résister au choc de nos baïonnettes, même au plus fort de la désastreuse retraite ? Est-ce que le génie qui avait renversé des obstacles si nombreux à Arcole, à Montenotte, à Rivoli, à la Bormida, était à bout de miracles ? Est-ce que derrière cette armée débandée qui se formait vite et bien, il n'y avait pas un corps de cent mille hommes qui n'avait point souffert et dont le courage, l'enthousiasme et l'intrépidité ne le cédaient en rien à celle qui avait été si cruellement éprouvée. Il ne faut pas juger les actions des rois par les résultats, on doit les juger au point de vue de la conception toute nue, au point de vue de la morale, de l'utilité, de la civilisation et de l'humanité.

Mahomet II, à la tête de ses hordes cruelles et indisciplinées avait, depuis plus d'un siècle, désolé l'Europe et soumis à l'abrutissante suprématie du croissant une partie de l'Asie et quelques portions de territoire européen. Constantinople elle-même, cette métropole du christianisme après Rome, et cet asile jusque-là inviolable de la croix d'Hélène et du grand Constantin, était tombée en son pouvoir et y était restée, par suite de l'indifférence ou de la lâcheté des princes chrétiens. Mahomet II avait fait de Constantinople la capitale de l'empire qu'il s'était formé avec les dépouilles de l'Asie et les lambeaux de royaumes arrachés à l'Europe. La glorieuse basilique de Sainte-Sophie avait été transformée en mosquée par le farouche vainqueur, et à la place de la croix détrônée, on voyait resplendir, au front de la splendide église, le croissant de l'islamisme. Ce n'est pas tout; Mahomet II avait introduit dans la cité des empereurs grecs, les mœurs croupissantes, les paresses dogmatiques, les immobilités fanatiques et fatalistes de ce ramas de bandits stupides et grossiers qu'il trainait après lui comme un épouvantail pour le monde et qu'il avait conviés, des marais du pont Euxin et des méandres des Palus-Méotides, aux funérailles de l'Europe et à la destruction de la croix. Constantinople avait donc cessé d'être une ville chrétienne; c'était une ville turque avec ses minarets, ses immondices séculaires, ses débris, sa peste, ses fièvres, ses harems, ses assassinats et ses égouts. Et il y avait plus d'un siècle que cet état de chose durait!!! C'était déjà trop.

Dom Sébastien était un prince chrétien; il gouvernait un peuple religieux. Il crut qu'il avait une belle mission à remplir, et cette mission consistait à abréger le campement des Turcs en Europe; car on aura beau dire et beau faire, le séjour des Musulmans en Europe ne sera jamais qu'un campement, dit judicieusement M. de Bonald. Ce campement peut durer encore, mais Dieu seul pourra changer et l'acception des mots, et la situation des choses. Les fondements de Constantinople sont essentiellement chrétiens, ses édifices, ses monuments, ses murailles, ses souvenirs, son histoire, tout en elle respire le christianisme, et il ne tiendra pas à une poignée d'athées et d'hérétiques de métamorphoser son sol, de sécher le sang de ses martyrs et d'arracher du sein de cette terre un moment musulmane, les bronzes, les médailles, les statuts, les sépulcres qui révélèrent la foi de ses anciens habitants, la foi de tout ce qui est noble, pur, bienfaisant, actif, intelligent dans l'humanité.

Dom Sébastien voulut d'abord s'emparer de l'Afrique, conquérir les Indes et la Perse, puis revenir en Europe par la Turquie. Après avoir rendu aux belles et florissantes contrées de l'Asie-Mineure cette fleur d'abondance et de félicité, étouffée par l'apathie musulmane et par le farouche fanatisme des Turcs, le jeune roi entrait en maître et en vainqueur à Constantinople, et rétablissait les divers emblèmes du christianisme, en restaurant le trône du grand Constantin, et les pavois des Comnène et des Paléologue. Sainte-Sophie, la basilique sacrée de Sainte-Sophie, cessait à la fois d'être idolâtre et schismatique, elle redevenait catholique comme au temps d'Hélène et de Justinien.

Heureux d'avoir délivré l'Europe des hordes de barbares qui l'avaient opprimée et qui lui avaient apporté la peste, la famine et la guerre, Dom Sébastien retournait à Lisbonne à l'effet d'y convoquer une assemblée de rois, et d'y choisir, dans un concile de nations, un gouvernement pour cet empire grec que ses victoires venaient de faire surgir du tombeau. Le nouvel empereur devait être pris exclusivement dans les maisons de Bourbon et de Bragance, dans la famille de Charles-Quint ou des comtes de Hapsbourg. Quant à lui, il ne se réservait de ses conquêtes que la gloire de les avoir entreprises, et le Portugal ne retirait des sacrifices qu'il devait faire pour le triomphe de la foi et de la civilisation que des avantages commerciaux et quelques comptoirs fortifiés sur le littoral de la Perse et dans les principaux centres de l'Inde et de l'Asie-Mineure.

Certes ce plan, — n'en déplaise à ces profonds politiques qui jugent les actions des rois d'après les résultats heureux ou malheureux, — ce plan, disons-nous, était très exécutable. Il y avait de la grandeur et de l'utilité dans cette entreprise héroïque, — deux avantages que ne présentent pas toujours les expéditions de cette nature, — et toutes les chances de succès en avaient été calculées, et mûries avec précision (1). L'idée était digne d'Alexandre et la portée de l'acte digne de la politique de Charlemagne. Au surplus ce plan a été repris, vers la fin du dix-huitième siècle, par un homme dont le génie militaire et le génie politique a égalé, sinon surpassé celui d'Alexandre et de Charlemagne. En 1798, le général Bonaparte voulait arriver au même but par les

(1) Philippe II, roi d'Espagne, entretenait ces nobles idées dans l'esprit de son neveu. Ce n'était point cependant par héroïsme ou par amour pour sa famille, mais par politique et par cupidité loyale. Philippe pensait qu'à tout événement, il gagnerait toujours quelque chose, et que, vainqueur ou vaincu, Dom Sébastien lui rapporterait des avantages incontestables. Cette conduite de Philippe, que quelques historiens avaient mise en doute, s'est trouvée complètement vérifiée par la trouvaille qu'on fit en 1787 dans la bibliothèque de l'Escarial, de la correspondance intime de Philippe II avec le jeune et infortuné Dom Sébastien, son neveu. Ces documents précieux, égarés ou perdus lors de l'invasion française en 1808, ont été, dit-on, retrouvés. Il serait bon et utile de les publier pour l'avantage de l'histoire.

mêmes moyens, et la conquête de l'Egypte n'était qu'un premier pas pour parvenir à la conquête de l'Inde, de la Perse et de la Turquie. La fortune et la puissance de l'Angleterre étaient menacées et allaient être détruites sans retour, et ses esclaves de l'Inde étaient sur le point de renaître à la liberté sous les glorieuses couleurs de la République française victorieuse. Aussi l'Anglais ne négligea-t-il rien pour conjurer ces foudres vengeresses qui allaient le frapper à l'endroit le plus sensible, son intérêt. Une bicoque et un officier français traître à sa religion et à sa patrie, — d'ordinaire l'un ne va pas sans l'autre, — arrêtèrent le glorieux élan de nos soldats et le génie du général en chef Bonaparte. Saint-Jean-d'Acre et le capitaine apostat Philippaux sauvèrent les Turcs et les Anglais, et ce salut renouvelle le bail de l'Angleterre avec l'iniquité, le bail de l'oppression des Indes et de l'humanité.

Dom Sébastien avait préludé aux grands préparatifs de sa future conquête par un essai qui fut de tout point satisfaisant, et qui lui présageait les plus favorables destinées. Sous le prétexte d'aller faire une chasse aux tigres, il s'était embarqué pour l'Afrique avec une petite troupe de cinq à six cents hommes. Il prit terre à Tanger, qui appartenait alors au Portugal, et s'avança fièrement dans l'intérieur des terres pour chasser. Huit mille Maures, méprisant la faiblesse de son escorte, crurent qu'ils remporteraient une facile victoire ; ils l'attaquèrent à l'improviste; mais Dom Sébastien qui se tenait sur ses gardes, rassembla, en un clin d'œil, ses détachements épars, tomba sur les Maures, les repoussa, les mit en fuite, les poursuivit et finit par les tailler en pièces près des rochers voisins de la mer, contre lesquels ils s'étaient acculés dans l'intention de séparer les Portugais de leur petite flottille. Après cet exploit, Dom Sébastien continua sa chasse, tua ou prit une douzaine de tigres, et remonta sur ses vaisseaux après avoir célébré par des jeux guerriers, à l'imitation des héros d'Homère, sur les rivages même où il avait battu les Maures, les promesses de ses compagnons dans la lutte périlleuse qu'ils venaient d'accomplir avec les terribles rivaux des lions du Sahara.

L'expédition ne compta pas de morts, mais il y eut quelques blessés par la griffe des tigres et le yatagan des Maures; dom Sébastien fut blessé aussi, mais psychologiquement et au cœur. Voilà quelle en fut la cause.

A son arrivée à Tanger, le roi de Portugal avait été reçu par son allié, Muley-Mohamed-al-Monthasar, jeune prince de vingt-trois ans, à peu près du même âge que Dom Sébastien. Ce Muley-Mohamed était héritier du trône de Maroc; mais Muley-Abdeck, son oncle, son tuteur et régent du royaume retenait encore, tantôt sous un prétexte, tantôt sous un autre, les rênes du gouvernement. Mohamed était donc venu pour prier le roi de Portugal d'intervenir en sa faveur et d'adresser diplomatiquement à Muley-Abdeck de sages représentations sur son opiniâtreté à garder une autorité qui devait cesser avec la majorité du jeune souverain. Dom Sébastien avait promis ses bons offices à Mohamed et lui avait donné l'assurance qu'à son retour à Lisbonne il s'empresserait d'écrire au vieux Muley qu'il soupçonnait avec raison d'être l'auteur ou l'instigateur de l'agression sauvage dont lui et ses troupes avaient failli devenir victimes, en mettant le pied sur le territoire africain, territoire neutre ou tout au moins en litige.

Or, contrairement aux usages et aux mœurs de l'Orient, Mohamed avait amené avec lui sa jeune sœur Zoraïde. C'était une noble et charmante fille de dix-sept ans, qui avait dans ses yeux toutes les voluptés du Koran, dans sa prestance toutes les grâces des houris, dans ses paroles tous les parfums de l'Arabie. Les poëtes de la cour de son frère l'avaient souvent comparée à une perle, et jamais comparaison n'avait été plus juste, ni plus légitime. La figure expressive de Zoraïde participait du type hébreu et du type chrétien, et il y avait dans les lignes gracieuses, dans les contours délicats de son visage quelque chose de la Judith et de la Vierge de Raphaël. Ses sourcils noirs et arqués décélaient un caractère décidé, une initiative énergique; sa taille non assouplie par les degradants loisirs du harem, avait toute la vigueur et toute la souplesse des femmes de l'Occident; sur son front brun se dessinaient les arabesques d'une chevelure abondante et sur ses mains mignonnes à doigts effilés, on voyait courir les veines bleues qui dénotaient la force, la rondeur et la beauté d'un bras caché sous une double manche de mousseline et surchargé de bandelettes d'or, de bracelets d'émeraudes, de saphirs, de topazes et de diamants.

Dom Sébastien, le jeune et chaste Dom Sébastien fut ébloui de tant de beauté et quand Zoraïde ouvrit la bouche, ses lèvres de corail, ornées de deux rangées de perles, eurent une éloquence brûlante et incisive. Il oublia un moment qu'il était roi, qu'il était chrétien, qu'il voulait être conquérant... pour ne plus songer qu'à une chose... qu'il était homme. Cependant la raison, un moment absente, lui revint peu à peu : il se roidit contre ce sentiment nouveau qui envahissait son âme et résista à sa passion naissante.

Mais en prenant congé de Mohamed et de Zoraïde, il sentit son cœur se serrer, et lorsqu'assis à la poupe de vaisseau, sous le pavillon royal, il vit les derniers rochers de la rade de Tanger disparaître sous les teintes épaisses du crépuscule, il ne put s'empêcher de s'écrier, en regardant le firmament qui étalait à cette heure ses plus splendides magnificences :

— Qu'elle est belle!!!

CHAPITRE III.

L'Ambassade.

L'intervention du Portugal dans les affaires du Maroc ne fit qu'irriter le vieux Muley-Abdeck. Il déclara à son neveu Mohamed que puisqu'il recherchait avec tant d'empressement l'arbitrage et l'alliance des chrétiens, il ne lui restait plus à lui, Muley-Abdeck, à lui régent et tuteur, d'autre parti à prendre que de s'emparer de tout le royaume et de ne se dessaisir de la couronne qu'en faveur d'un prince de sa maison plus attaché à la loi du saint Prophète, plus soigneux des intérêts de l'islamisme et surtout plus décidé à rompre avec les *chiens* de chrétiens qui devaient, suivant les immortelles promesses de Mahomet, le père des vrais croyants, se courber tôt ou tard sous le joug du croissant et devenir ou les esclaves, ou les défenseurs du Koran.

Ce vieux Muley-Abdeck ne faisait qu'énoncer un vœu qui se trouve encore aujourd'hui profondément enraciné dans le cœur des Musulmans. C'est en vain que les Anglais, marchands avant tout, tentent de faire accroire que les opinions des Turcs et des Arabes se sont modifiées à l'endroit des matières religieuses et que les réformes modernes les ont rangées à la tolérance philosophique du siècle. Les jeunes gens de familles riches qui ont étudié à Paris ou à Londres peuvent bien avoir rapporté quelques parcelles des mœurs et des habitudes européennes; les renégats qui, en embrassant l'islamisme, prennent des noms orientaux pour verser plus à leur aise le sang de ceux qui furent autrefois leurs compatriotes et leurs frères, peuvent faire bon marché des dogmes, des rites et des croyances d'une religion qu'après tout ils n'honorent pas plus que celle qu'ils ont désertée; ils peuvent bien, en buvant du vin de Champagne et en courtisant les almées qu'ils font venir — pachas qu'ils sont — du bal Mabille ou du Château Rouge, faire des gorges chaudes sur les houris du paradis de Mahomet, sur les mystères des derviches tourneurs et même les actions terrestres de Mahomet; tout cela ne changera pas le fond de la nation; les vrais Musulmans ne partagent pas ces mépris pour les choses saintes, ils sont fermement et stoïquement attachés à leur foi, et si quelque jour ce peuple reprend le cours de ses conquêtes et de son oppression à travers l'Europe, il le devra moins aux flottes et aux armées chrétiennes qui lui prêtent si généreusement l'appui de leurs drapeaux, qu'à cette vigueur de croyance, qu'à cette persistance d'adoration, qu'à cette intrépidité et à cette espérance fanatique qui se rit des défaites, qui brave le martyre, qui affronte le trépas et qui place bien au dessus des périssables péripéties improvisées par la politique humaine, les promesses célestes et infaillibles du grand Prophète dont les oracles et les conseils ont été, — il faut le dire à l'honneur de l'islamisme — les seules lois civiles, l'unique diplomatie des Ottomans depuis Omar, jusqu'au sultan actuel Abdul-Mejid.

A la suite de ces observations, le vieux Muley ajouta :

— Je ne suis point un usurpateur, encore moins un conspirateur. Je garde votre couronne et je ne vous la rendrai pas, parce que je pense que vous êtes indigne de la porter, et que le sceptre entre vos mains deviendrait un roseau. Je la garde encore cette couronne, parce que je ne veux pas que vous la déshonoriez par des concessions incessantes aux chrétiens, parce que la religion me convie à défendre ses droits méconnus ou oubliés par vous. Je la garde encore, parce que votre insuffisance notoire, en abandonnant les intérêts sacrés de notre foi, entraînerait infailliblement la ruine de mon peuple, et finirait par amener la domination de la croix sur cette terre où la bravoure et le sang de nos ancêtres ont scellé pour jamais le croissant et l'étendard du Prophète.

Après une si explicite confession, il n'y avait plus qu'une chose à faire, qu'à combattre. Mohammed-al-Monthasar le comprit et rassembla ses troupes; mais Muley-Abdeck avait pour lui plus que des amis, il avait la confiance, la vénération et les sympathies généreuses, il tenait en outre sous son autorité les plus riches et les plus populeuses provinces du royaume. Les soldats du jeune roi découragés par les discours des imans, craignant par dessus tout d'avoir pour auxiliaires des chrétiens, passèrent en grand nombre dans le camp de Muley Abdeck. Le jeune souverain dépouillé de ce prestige moral et de ce prestige matériel sans lesquels la royauté, — même une royauté barbare, — ne saurait se maintenir, fut contraint de se replier avec le peu de troupes qui lui étaient restées fidèles, et ce fut dans ces conjonctures pénibles qu'il songea à implorer la présence et les armes de Dom Sébastien qu'il regardait avec raison comme un héros et avec moins de fondement comme un allié désintéressé. Y a-t-il eu jamais des alliances désintéressées, et au fond de toutes les transactions humaines n'existe-t-il pas un mobile patent ou caché qui n'est autre chose que l'intérêt personnel? Le sentiment n'est pas de mise en politique, et c'est surtout dans les traités internationaux qu'on peut dire qu'il y a constamment une dupe et un fripon.

Mohamed-al-Monthasar envoya donc une ambassade au roi de Portugal. Cette ambassade était composée du savant Ali-al-Manoudi, ancien précepteur du jeune prince, de Mustapha-Arabas, caïd de la ville et du territoire de la ville d'Arzyle ou d'Arzew, et de quelques autres personnages distingués autant par leur sagesse que par leur vaillance éprouvée. Au surplus, pour rendre cette mission digne de son objet, le pauvre jeune roi marocain avait épuisé les dernières ressources de son trésor. Soixante cavaliers maures, superbement montés sur des chevaux barbes, offraient dans leurs costumes pittoresques tout ce que le luxe arabe avait de plus riche, de plus gracieux et de plus élégant. Douze pages, couverts de livrées étincelantes et coiffés de ces attrayants sturly, qui tenaient tout à la fois de la toque vénitienne et du casque des Abencerrages, entouraient les ambassadeurs qui, portés sur des palanquins ornés de broderies d'argent sur étoffe de pourpre et de soie verte, voyaient leur grave maintien et leur austère attitude rehaussés encore par des robes flottantes de grand prix, par des chaînes d'or travaillées avec un artifice infini et par des turbans splendides sur lesquels se balançaient des aigrettes de diamants ou de plumes inestimables arrachées au rayonnant plumage de l'oiseau de paradis

Dom Sébastien reçut l'ambassade avec cette courtoisie et cette franchise aimable qu'il mettait dans toutes ses actions, et, après les compliments officiels échangés, il la fit passer, loin du flot de ses officiers et de ses courtisans, dans la mystérieuse salle où lui seul délibérait avec ses généraux et ses ministres d'Etat. Mais le roi de Portugal fut saisi d'étonnement lorsque le chef de l'ambassade, Ali-al-Manoudi, lui adressa ces paroles :

— Vous vous attendez peut-être, grand roi, à entendre de ma bouche le sujet de notre mission et les prières que nous sommes chargés de vous adresser au nom de notre auguste maître, le roi Muley-Mohamed-al-Monthazar ; mais une voix plus illustre, plus éloquente et surtout plus aimable que les nôtres va s'acquitter de cette tâche. Plaise à Allah ! plaise à notre divin prophète d'inspirer au véritable ambassadeur les pensées et les expressions les plus capables de toucher votre cœur et d'éclairer votre âme ! C'est alors que nous nous regarderons comme trois fois fortunés d'avoir été les témoins d'une conférence qui doit amener pour le Maroc de si graves et de si importants résultats.

Se retournant alors vers un page que Dom Sébastien n'avait pas encore aperçu, Ali-al-Manoudi se prit à dire :

— Approchez, princesse Zoraïde, approchez-vous sans crainte de ce trône où siége le plus affable des souverains, le plus juste des maîtres et le plus fidèle des alliés. Faites passer dans sa raison les décisions suprêmes que vous désirez obtenir pour la défense de votre frère et pour le salut de la patrie.

Le faux page ôta alors sa toque étincelante de pierreries, et s'inclinant devant Dom Sébastien, qui se croyait le jouet d'un songe, et qui ne pouvait croire le témoignage de ses yeux, s'exprima en ces termes :

— Sire, je transgresse aujourd'hui les usages et les bienséances de l'Europe, qui exigent que mon sexe n'emprunte pas des vêtements si peu en harmonie avec la pudeur et la chasteté des femmes. Je ne viole pas moins les prescriptions étroites de ma loi religieuse, qui relègue même les personnes de mon rang dans la solitude d'un palais ou dans le silence d'un harem; mais il s'agit d'arracher mon frère à l'oppression d'un tyran, mon pays aux malheurs d'une guerre civile, et je n'ai pas hésité à fouler aux pieds des préjugés respectables et des timidités puériles. Grand roi, je suis venue ici sans crainte, et mon front ne rougit pas de mon action. Si ce prince généreux dont j'invoque l'appui, dont je viens implorer la puissance, ne s'appelait pas Dom Sébastien, j'aurais pu redouter les suites d'une démarche aventureuse; mais l'homme qui gouverne aujourd'hui le Portugal est le strict observateur des lois de sa croyance; il est noble, il est magnanime et il ne peut voir dans cette apparente infraction aux usages reçus que l'inébranlable volonté d'une femme qui prétend conjurer les dissensions de sa famille, les maux de son pays, la ruine et le désespoir de ses peuples. Et puis, sire, si vous vous nommez Dom Sébastien, et si ce nom glorieux est, parmi vos sujets, le synonyme de l'honneur, de la bravoure et de la chasteté, moi je m'appelle Zoraïde, et ce nom est aussi, dans les annales musulmanes et dans l'histoire du Maroc, le symbole du courage, de la virginité et de la vertu.

—Princesse, répartit Dom Sébastien, dont le cœur avait répondu par un battement à chaque syllabe du discours de Zoraïde, vous m'avez bien jugé. Exempt des préjugés ridicules du vulgaire, j'ai peine à croire le mal, et je n'ai foi et croyance que dans le bien. Vous venez auprès de moi comme ambassadeur de votre frère, c'est l'ambassadeur que j'écouterai par votre bouche; mon admiration, mes sympathies, mon..... respect pour l'incomparable Zoraïde, se tairont devant les graves communications que vous avez à me faire; votre vertu ni la mienne n'auront à souffrir de nos entrevues, et le grand but que nous avons à atteindre ne sera obscurci ni par les reproches de notre conscience ni par notre repentir.

L'histoire, — cette bavarde officielle mais souvent menteuse des faits et gestes des rois, — ne nous apprend pas si le chaste Dom Sébastien et la belle Zoraïde accomplirent à la lettre le programme qu'ils avaient arrêté ensemble; mais ce que les annalistes contemporains s'accordent à dire, c'est que les entrevues nombreuses et successives du roi de Portugal et de la princesse de Maroc se terminèrent par la promesse positive de Dom Sébastien de secourir Mohamed-al-Monthasar; à l'audience solennelle de congé que le roi de Portugal accorda aux ambassadeurs nominalement reconnus par sa chancellerie, il leur adressa ce discours :

« La tyrannie des souverains envers les peuples que le Dieu tout-puissant a confiés à leur vigilance et à leurs soins, est une affreuse et maudite action ; mais la tyrannie que les princes exercent les uns contre les autres, au mépris des nœuds trois fois saints de la parenté du sang ou de la parenté du sceptre, est plus hideuse encore. Les usurpateurs sont aux couronnes ce que les larrons sont aux biens des particuliers. Il faut purger la terre des uns et des autres; car du moment où la stabilité du diadème est incessamment menacée par la convoitise, l'ambition ou la cupidité de quelques aventuriers, il n'y a plus de garantie pour le patrimoine du riche, ni pour le modeste champ du pauvre, et l'état social tout entier, soit qu'il fleurisse sous la croix rédemptrice de Jésus-Christ, soit qu'il marche sous le croissant de votre prophète, souffre et périclite des secousses mortelles qui ébranlent l'autorité publique. Guerre donc, guerre à mort aux usurpateurs et aux tyrans, soit qu'ils portent la toque chrétienne, soit qu'ils arborent le turban; guerre incessante, ardente, continuelle, à ceux qui, pour satisfaire les rêves d'une ambition désordonnée, ne craignent pas de plonger leur malheureuse patrie dans la cruelle alternative des dissensions civiles et de la guerre étrangère, et qui préludent par des conspirations, des cabales et des intrigues à l'assaut général et à main armée du trône et des institutions politiques d'une nation. Retournez, sages et diserts conseillers, savants et vertueux émissaires de la justice et du bon droit, vers votre souverain et maître le roi de Maroc Mohamed-al-Monthasar, et dites-lui que ses vœux ont été entendus, que ses prières ont été écoutées, et que le roi de Portugal n'a pas pu, n'a pas voulu rester sourd à son cri de détresse, aux invocations pressantes de l'amitié et de la fidélité d'un allié. Quand la justice, — cette émanation de la divinité, — est violée, tous ceux qui ont l'âme pure et la conscience vierge, doivent voler à sa défense; dans cette circonstance seulement, les dissidences politiques cessent, les antipathies religieuses disparaissent, et chacun, en gardant au fond de son cœur sa foi et ses croyances publiques, doit se faire le champion infatigable, le soldat sans merci des droits, de l'honneur, de l'intégrité du trône et du salut des nations.

« Allez donc, seigneurs, portez à Muley-Mohamed les paroles de consolation que je viens de prononcer pour lui. Assurez-le bien que mon concours lui est acquis et que mon alliance n'aura jamais été plus étroite et plus sincère avec lui. La prospérité de mes amis me réjouit, mais le malheur me les rend encore plus chers et plus respectables. Je vais rassembler mon armée, c'est à la tête de ma noblesse et des soldats les plus aguerris du monde que je descendrai sur la terre d'Afrique. Les trophées de Bélisaire et de Narsès sont encore dressés sur le littoral africain, et mes troupes, en saluant avec respect ces épaves des victoires de nos pères, y puiseront le désir et la volonté de continuer les exploits de ces grands capitaines et de rajeunir les lauriers de la croix, en raffermissant, dans de justes limites, la souveraineté du croissant.

Les ambassadeurs se prosternèrent presque jusqu'à terre, en entendant ce jeune roi plein d'enthousiasme et d'ardeur, promettre la victoire et annoncer comme prochaine la restauration de la justice et du droit. Sous ses habits de pays, Zoraïde pleurait — ou de joie ou d'amour — en mettant devant son charmant visage sa brillante toque dont elle se servait en manière d'éventail; mais de temps à autre, elle regardait Dom Sébastien à la dérobée; ses larmes se séchaient alors comme par enchantement et deux yeux fulgurants s'élançaient de ses prunelles ardentes et allaient se briser sur la personne du héros qui tenait en ce moment un langage si digne d'un homme d'état, d'un moraliste, d'un philosophe, d'un guerrier, et surtout d'un roi.

Avant de prendre définitivement congé de Dom Sébastien, les ambassadeurs et leur suite furent admis à l'honneur de lui baiser la main. Quand ce fut au tour de Zoraïde, elle s'avança comme les autres; un grand bruit se fit entendre alors : c'était un page, un vrai page qui, par ordre de la princesse et au risque de se casser le cou, venait de sauter du balcon royal dans la cour, tenant dans chaque main le drapeau du Portugal et l'étendard du Maroc, en signe d'alliance et de bonne amitié. Tout le monde détourna la tête pour voir ce qui se passait et ce qui excitait si fort les clameurs et l'admiration du peuple entassé sur la place. Zoraïde, qui avait prévu et calculé ce mouvement général de curiosité, profita de l'inattention de la cour pour glisser au doigt de Dom Sébastien, au moment où elle se baissait pour lui baiser la main, une bague, une simple bague d'or sur laquelle elle avait gravé, avec la pointe de son poignard, ce mot qui révélait toute une passion, toute une vie, tout un amour, toute une destinée :

TOUJOURS!!!

Quelques historiens espagnols et portugais, — grands peseurs d'événements, risibles appréciateurs de résultats après coup, ont prétendu que la sage régente Catherine s'était élancée hors de son cloître pour dissuader Dom Sébastien de cette expédition d'Afrique; d'autres critiques non moins entichés de la méthode de tout blâmer chez un prince malheureux, ont avancé que Dom Juan Mascarenha, général illustre et octogénaire qui jadis s'était couvert de gloire dans les Indes, avait désapprouvé de toutes ses forces, au sein du conseil, cette prise d'armes, et que pour neutraliser l'effet d'une si imposante opposition, Dom Sébastien avait fait déclarer par douze médecins de Lisbonne, d'Oporto et de Coïmbre que la vieillesse avait pour effet de détruire le courage et l'énergie chez les hommes les mieux doués de ces deux vertus martiales. Ces récits doivent être relégués au rang des contes et ce vain fatras d'anecdotes controuvées ou absurdes qui déshonorent l'histoire de tous les temps, ne sert qu'à entretenir dans l'esprit des peuples assez malheureux pour avoir des écrivains vendus aux factions, des idées fausses sur les principaux événements d'un règne ou les actions mal expliquées d'un prince dont la fortune a trahi les conceptions gigantesques et les efforts héroïques, entrepris pour la gloire de ces mêmes peuples qui calomnient sa mémoire.

Ce qu'il y a de vrai c'est que quelques courtisans superstitieux ayant voulu effrayer Dom Sébastien de l'apparition inattendue d'une comète et des malheurs qu'elle semblait annoncer au Portugal :

— Vous vous trompez, repartit le jeune roi, cette comète dont la chevelure de feu vous cause tant d'effroi n'annonce rien de funeste pour nous. Voyez, ajouta-t-il en la montrant du bout du doigt, ses feux sont dirigés vers l'Orient. C'est la défaite des infidèles qu'elle présage avec la ruine du mahométisme et de l'esclavage. Cette comète est chrétienne, et ceux qui la prennent pour le glaive de l'ange exterminateur des chrétiens, ceux-là sont des mahométans.

Ces paroles étaient dignes d'un roi, d'un soldat et d'un bon politique, et les prétendus esprits forts qui frondent l'expédition d'Afrique par Dom Sébastien comme ils blâment la conquête de l'Égypte par la République française, et la campagne de Russie en 1812 par Napoléon, donnent un démenti formel à l'étiquette voltairienne dont ils ont grand soin d'affubler leur bonnet.

Ce qu'il y a encore de certain et ce qui n'était malheureusement que trop vrai, c'est que les généraux les plus expérimentés et les meilleures troupes du Portugal se trouvaient alors dans les Indes, et ne pouvaient être rappelés dans la métropole à moins de grands événements; aussi Dom Sébastien qui comprenait la nécessité de placer à la tête de l'armée un général célèbre par ses victoires, n'hésita pas à en offrir le commandement au fameux duc d'Albe, alors dans toute la splendeur de sa renommée militaire; mais le général espagnol, soit qu'il obéît aux inspirations de son orgueil, soit qu'il agît par les ordres de Philippe II son souverain, ne voulut accepter le commandement qui lui était offert qu'autant qu'il serait *seul* maître de diriger les opérations. Cette condition était inacceptable et elle fut rejetée par le roi de Portugal qui s'écria en apprenant ces exigences :

« Le duc d'Albe ne veut pas m'avoir même pour aide-de-camp; je tâcherai de lui prouver qu'un roi qui se bat en soldat et qui s'expose comme le dernier de ses tambours, peut aussi bien gagner des batailles qu'un général expérimenté. »

D'ailleurs l'expédition d'Afrique était populaire en Portugal. Le peuple n'était pas moins désireux que son roi de châtier l'insolence musulmane et de détruire enfin ces repaires de pirates et de forbans qui, à la honte des puissances chrétiennes, prélevaient une dîme considérable sur le commerce des nations de l'Europe, et poussaient l'audace jusqu'à réduire annuellement en esclavage plus de dix mille soldats, matelots, marchands et voyageurs chrétiens. Il était réservé à la France de réaliser deux cent cinquante ans plus tard, la pensée héroïque et catholique de Dom Sébastien, et la conquête d'Alger, accomplie sous les drapeaux de notre noble pays, a prouvé à l'univers qu'une idée magnanime, mise en œuvre par un grand peuple et par un sage monarque, prévaut contre les combinaisons de ces peuples marchands qui ne voient dans la piraterie organisée sur une échelle scandaleuse, qu'un auxiliaire favorable à leur industrie et à leur trafic; car, avant 1830, les écumeurs de mer ne s'adressaient pas aux navires marchands des grandes puissances maritimes, mais aux bâtiments de commerce des Etats du second ordre, dépourvus d'une marine respectable.

Muley Mohamed-al-Monthasar avait au reste déclaré, en implorant les secours du roi de Portugal, qu'il ferait renoncer ses peuples et ses futurs alliés au brigandage et à la spoliation armée; il avait promis en même temps de livrer la ville et le fort d'Arzyle (Arzew), qui appartenait autrefois au Portugal, et que Al Boringar Soudan de la province limitrophe avait enlevé à Jean III. Outre cette restitution qui assurait à l'armée envahissante une place presque aussi forte que Tanger, Mohamed s'était engagé à fournir et à joindre au corps expéditionnaire chrétien une petite armée de huit mille hommes assez mal disciplinés et assez peu aguerris, mais enfin dont la présence, dans le camp Portugais, devait produire un grand effet moral sur les populations du Maroc, puisque ces soldats fidèles à leur prince légitime, appartenaient à des tribus et à des villes qui n'avaient point abandonné la cause de Mohamed.

La fleur de la noblesse portugaise voulut prendre part à cette nouvelle croisade qui présentait des périls sans nombre, mais qui promettait aussi de la gloire. Dom Sébastien forma quatre compagnies de mille hommes chacune, de ces vaillants descendants des preux de la Lusitanie, et leur annonça qu'ils n'auraient que lui pour commandant suprême aux jours du combat. A cette déclaration royale, toute cette intrépide jeunesse poussa des cris de joie, et chaque noble comme chaque soldat jura sur son drapeau de vaincre ou de mourir sous les yeux d'un monarque qui voulait régner comme César, et qui prétendait se battre comme le Cid.

Dom Sébastien rassembla avec beaucoup de peine et en vidant toutes les garnisons du royaume douze mille soldats portugais, y compris le corps de la garde royale dont nous avons déjà parlé, et les volontaires de sa noblesse; à ces douze mille hommes il adjoignit huit mille aventuriers italiens et allemands, restes impurs mais braves de ces *condottieri* du moyen-âge, qui louent leur épée et leur valeur à ceux, rois ou tyrans, république ou démagogie, qui consentent à les payer au poids de l'or.

Ce fut à la tête de cette armée composée d'éléments si différents, que Dom Sébastien aborda à Tanger, le 9 juillet 1578. Aux vingt mille chrétiens qu'il amenait avec lui, vinrent se joindre, selon la promesse de Mahomet, les huit mille Sarrazins, Arabes ou Marocains annoncés par lui.

Le roi de Portugal se trouva par conséquent à la tête d'une armée de vingt-huit mille hommes. Quelles espérances devaient surgir de cette réunion de forces et de volontés, de courage et de fidélité !

L'enthousiasme, la soif de la gloire, l'amour de la religion et de la patrie régnaient partout dans le camp chrétien, sous le pavillon des capitaines, comme sous la tente des soldats, et pour la première fois peut-être, non loin de cette croix qu'on allait honorer par de vaillants exploits, on voyait des musulmans invoquer le prophète pour le triomphe d'une cause qui était celle du christianisme et de la civilisation.

CHAPITRE IV ET DERNIER.

La Bataille d'Alcaçar.

L'armée chrétienne et les troupes de Mohamed-al-Monthasar obtinrent d'abord quelques avantages insignifiants sur les soldats de l'usurpateur Muley Abdeck. Les vieux capitaines portugais et l'amiral Souza, qui connaissaient la tactique des Arabes et leur manière de combattre, eurent beau dire à Dom Sébastien qui s'applaudissait de ces petits résultats, que de tels succès ne prouvaient rien et ne décidaient rien. Le jeune roi confiant dans sa fortune, les écoutait à peine et avait des réponses toutes prêtes à chacune de leurs objections.

— Sire, lui disait l'amiral de Souza avec une respectueuse hardiesse : Ne vous fiez pas à la retraite des Arabes, ils ont hérité de la tactique des anciens Parthes, et c'est en fuyant qu'ils attrappent la victoire; l'Arabe, Sire, est né pour le carnage et pour la rapine, son courage procède de ces deux instincts du tigre. Ne croyez donc ni à ses fallacieuses retraites, ni à son obéissance perfide. Pour le dompter, il faut le frapper d'épouvante; l'humanité, la clémence, la perspective de l'équité, les sentiments de confraternité qui doivent unir tous les hommes n'ont aucune prise sur lui, n'impriment aucune gratitude, aucun souvenir sur son cœur, comparable pour la sécheresse au sable de ses déserts. L'Arabe, après son fusil et son cheval, n'aime rien, et le mahométisme a achevé de chasser de son âme ce qu'il y avait et ce que le Créateur pouvait y avoir mis de charitable et d'humain. S'il vous craint, il sera humble, souple et soumis, il sera votre valet, plus que cela, votre esclave; si au contraire vous avez la faiblesse d'user d'indulgence envers lui, s'il fait peser sur votre personne le nom de débonnaire, redoutez tout de ses ruses et de son audace, à la première occasion, au premier revers de vos armes, il deviendra arrogant et superbe; il déchirera les traités, il égorgera vos soldats sans défense, il portera dans votre camp, dans vos villes, endormies sous l'égide de la foi jurée, le pillage, la dévastation et la mort. Daignez m'en croire, Sire, frappez ferme, frappez toujours cet ennemi irréconciliable qui peut bien paraître soumis, mais qui ne se considère jamais comme vaincu; soyez inflexible dans la victoire, comme vous devez rester inexorable dans la paix; opposez au fanatisme de la religion, au fanatisme de race, la rigide et souvent cruelle loi, j'en conviens, de la nécessité; pesez de tout le poids de vos armes et de votre puissance sur ce peuple capricieux et féroce; ce sera à ce prix, mais à ce prix seulement que vous pourrez asseoir une domination fructueuse et durable sur ce pays qui mérite, par la fertilité de son sol, de renaître à la civilisation romaine et à la civilisation chrétienne; le temps fera le reste, d'ici là, je vous conjure, Sire, au nom de votre patrie, au nom de notre sainte religion dont vous êtes le fils très-fidèle, au nom de votre couronne et de l'honneur de vos armes, de ne vous point laisser aller à de trompeuses espérances, de ne point prendre pour des avantages de guerre des fuites menteuses et des retraites simulées, de ne point prêter l'oreille surtout à des pourparlers de trêve, à des propositions de paix qui cachent des embûches et des perfidies. Sur cette terre brûlante, Sire, vous marchez entre deux écueils : l'un est l'hypocrisie de ceux que vous venez combattre, l'autre est la miséricorde qui sied si bien au cœur d'un prince catholique. Évitez avec soin ces deux voies de perdition; en un mot, écrasez l'Arabe, si vous ne voulez pas être écrasé par lui.

Ces paroles si sages et si politiquement vraies ne firent qu'une impression passagère sur l'esprit de Dom Sébastien. Peut-être les exigences d'un système d'extermination répugnaient-elles à son âme naturellement grande et généreuse, peut-être aussi l'image de Zoraïde venait-elle se placer dans son imagination entre les massacres, suite nécessaire de la conquête et les destinées nébuleuses de l'indépendance de cette Afrique redevenue chrétienne, comme au temps de saint Augustin et de saint Basile. Dom Sébastien voulait bien combattre en héros mais, il ne voulait pas décimer les populations en tyran et en barbare. Le soldat, le chevalier, faisaient tort au politique et au monarque ; en voulant observer strictement les prescriptions de l'Évangile, de l'humanité, il ne s'apercevait pas qu'il faisait courir à la religion et à la civilisation les plus grands périls, en ravivant par de fatales condescendances le fanatisme musulman, la rage caucasienne et la haine de nations et de races. Quand un pays, quand un souverain, se décident à entreprendre des conquêtes, il leur faut arriver à l'asservissement complet par le fer des combats et, au besoin, par la hache des bourreaux. C'est une nécessité cruelle, sans doute, mais si l'on agit autrement la domination est une fiction, la soumission une raillerie, la force une chimère. Le sentiment ne doit pas exister, il conduit infailliblement une nation aux gémonies de la décadence par le chemin des opprobres et des défaites partielles.

Dom Sébastien eut le tort d'affaiblir son armée en détachant des corps qu'il envoyait sur différents points pour provoquer les populations hésitantes à se déclarer en faveur de Mohamed. Quant à lui, confiant dans la bravoure de ses troupes, dans le dévouement de sa noblesse, il s'avança fièrement jusque dans le cœur de la contrée, faisant retentir les oasis et les forêts de pins des fanfares chrétiennes que ces lieux n'avaient point entendues depuis les dernières croisades.

Il marcha ainsi jusque sur les rives du Luco.

Le vieux Muley-Abdeck, fidèle à l'antique stratégique des Arabes, reculait toujours, jouant constamment l'incertitude et l'épouvante, égorgeant bien par surprise quelques postes isolés, mais n'ayant pas l'air d'oser prendre l'offensive.

— Mohamed, disait Dom Sébastien au jeune roi de Maroc, encore quelques jours, et votre couronne vous sera rendue ; quelques jours encore, et mon nom sera enregistré sur les feuilles d'or et d'airain de l'histoire, à côté de ceux de Scipion, de Bélisaire, de Narsès, de Louis IX et de Philippe le Hardi, avec le burin impérissable de la victoire.

— Ah! répondait Mohamed en soupirant, vos talents militaires sont plus hauts que les miens; je n'ai que le sabre du soldat, et vous avez la tête du général; mais nous avons affaire à un rusé guerrier, et, dans sa jeunesse, mon oncle Muley-Abdeck avait la réputation d'être un parfait capitaine. Mon pauvre père ne l'appelait que le bouclier et le rempart du Maroc.

— Nous briserons ce bouclier, nous ferons miner et sauter ce rempart, répliquait le roi de Portugal; avec mes soldats, je braverais des troupes européennes, jugez donc si je puis douter un instant du succès de mes bandes, lorsqu'elles n'ont devant elles que des Arabes.

— Ne méprisez point les Arabes, interrompit vivement Mohamed, chez lequel la prédominance de la religion et de la nationalité éteignait pour un moment les aspirations légitimes vers un trône qui lui avait été volé, ils ont le cœur des lions et les jambes des gazelles ; vous n'avez vu jusqu'ici que la vitesse de leurs jambes, vous apprécierez plus tard le courage de leur cœur. Puisse Allah le refroidir un peu au jour de la lutte suprême pour que le bon droit et la justice sortent triomphants de l'épreuve !

— Et votre sœur Zoraïde ? demanda timidement Sébastien dont le front s'était couvert d'une teinte de rougeur autant des paroles apologétiques de Mohamed à l'endroit des Arabes, qu'à la pensée de demander des nouvelles de la jeune princesse.

— Zoraïde prie et pleure dans son palais de Baboum-Saïne que vous voyez là-bas, là-bas ; bien au sud, au milieu de ces oasis et parmi ces bouquets de nopals et de sycomores. Ne voulait-elle pas venir avec nous et combattre à mes côtés ?

— Et vous l'en avez détournée, Mohamed ? fit impétueusement le roi de Portugal.

— Comme vous devez bien le penser, répliqua

tristement le jeune prince marocain. Je puis bien me résigner à perdre mes Etats et ma couronne, je puis faire bon marché de mon existence et de ma jeunesse, mais exposer les jours de ma Zoraïde bien-aimée, de ma sœur, de la compagne de mes joies et de mes tribulations, c'est un sacrifice qu'il était au dessus de mes forces de consommer. Je l'ai refusée, et... faut-il l'avouer... j'ai été obligé de m'exprimer en roi et en maître, de défendre, en un mot, pour la faire renoncer à sa détermination.

Dom Sébastien leva les yeux au ciel, et quand il les reporta sur son interlocuteur, ces yeux étaient mouillés de larmes.

— Mohamed, fit-il d'une voix si douce, qu'on l'eût prise pour la voix d'un enfant, après la bataille, nous irons au palais de Baboum-Saïne visiter votre sœur, la rassurer, lui dire combien son repos nous est cher, et combien nous voulons, l'un la victoire, pour vous rendre un trône, l'autre le trône pour semer sur ses pas les fleurs, les plaisirs, les douces heures que la tendresse embellit et que l'amitié convoite.

— Volontiers, fit mélancoliquement Al-Monthasar.

— Jusque-là ne songeons qu'à vaincre, reprit Dom Sébastien d'un ton achilléen, car nous vaincrons, Mohamed, nous vaincrons ensemble, et, comme deux frères bien unis, nous irons déposer sous les portiques de Baboum-Saïne les lauriers splendides de la victoire.

Hélas! les deux guerriers devaient se rencontrer en effet dans le palais de Baboum-Saïne, ils devaient s'y rencontrer ensemble! mais le destin avait décidé que ce ne serait ni avec l'auréole des rois, ni avec les palmes brillantes du triomphe!

Les troupes chrétiennes et leurs auxiliaires s'abandonnaient à une sécurité profonde sur les bords du Luco, lorsque, le 4 août 1578, le vieux Muley-Abdeck, qui avait rassemblé une armée de cent mille hommes, tomba à l'improviste sur le camp portugais. Dom Sébastien et Mohamed montèrent à cheval et se mirent à la tête de leurs soldats. Bientôt, sous leurs efforts réunis, l'armée de Muley-Abdeck battit en retraite, mais en formant une espèce de croissant qui se rejoignait sur les derrières de l'armée chrétienne à mesure que celle-ci s'avançait à la poursuite des ennemis. Cette manœuvre fut aperçue par le capitaine Manuelo-Origo, qui alla en rendre compte au roi.

— Ne craignez rien, capitaine, répondit Dom Sébastien, alors sous l'influence d'une fièvre héroïque qui ne lui permettait plus de mesurer le péril. J'ai pénétré le dessein du Sarrazin. Nous allons enfoncer son centre de bataille, et ces deux ailes qui semblent vouloir nous envelopper et nous couper le chemin de la retraite, vont tomber sous nos coups.

Effectivement, le roi de Portugal se mettant à la tête de deux mille soldats d'élite de sa garde, s'élança avec impétuosité sur le centre; mais Muley-Abdeck y avait placé ses plus habiles tireurs et ses meilleures troupes; les Portugais furent accueillis par un feu terrible et meurtrier. Mohamed accourut avec quatre mille Marocains, et fut également repoussé avec une grande perte. Cependant les Italiens et les Allemands, auxiliaires des Portugais, soutenaient énergiquement une lutte inégale avec les deux corps de vingt mille hommes chacun qui formaient les crochets du croissant. Six pièces d'artillerie, braquées sur une hauteur et servies avec résolution par une orta ou bataillon de janissaires envoyés par le grand-seigneur, prenaient en flanc et à revers l'armée chrétienne et renversaient tout sur le passage de leurs boulets. Dom Sébastien reconnut, mais trop tard, la faute qu'il avait commise en poursuivant un ennemi insaisissable qui avait choisi son jour et son heure pour s'arrêter et pour combattre. Il regarda autour de lui, et vit avec effroi le terrain jonché des cadavres de ses meilleurs soldats, ses alliés musulmans en fuite et en déroute, ses auxiliaires chrétiens ébranlés, la démoralisation partout, le désespoir sur tous les visages, la lassitude dans tous les efforts.

Dans ce moment suprême, il se souvint de ce corps nombreux de noblesse qu'il avait entraîné en Afrique, auquel il avait promis la victoire, et auquel il n'avait plus à offrir que la honte d'une retraite ou la mort d'une défense.

Je ressaisirai la victoire, se dit Dom Sébastien,

et la noblesse portugaise aura seule aujourd'hui les honneurs de la journée.

Et l'intrépide monarque traversa au galop de son cheval et au milieu d'une grêle de balles toute la largeur du champ de bataille pour aller chercher ses escadrons invincibles, car par une faute presque impardonnable, l'inexpérimenté général avait laissé à l'extrême arrière-garde cette réserve précieuse qui dès les échecs du premier choc aurait pu rétablir le combat.

— Amis, dit Dom Sébastien en haussant la visière de son casque, notre infanterie a faibli sous les masses sans cesse renaissantes de l'ennemi; c'est à nous de ressaisir une victoire prête à nous échapper; suivez-moi, faites comme moi, vengez-moi ou plutôt vengeons les injures de la croix et de notre glorieux drapeau. Amis je veux vaincre ou je veux mourir avec vous.

A peine ces paroles débitées avec feu furent-elles prononcées que les escadrons pressés de cette valeureuse noblesse s'élancent dans la plaine aux cris mille fois répétés de vive le roi! vive la religion! vive le Portugal!! En quelques minutes ce corps magnifique de courage et de dévouement arriva sur le centre des musulmans qui n'avaient plus devant eux que quelques compagnies d'infanterie portugaise, faibles débris qui ne combattaient plus que pour mourir avec honneur.

Mais il n'était plus temps! Le vieux Muley Abdeck avait profité de la confusion qu'avaient jetée dans l'armée chrétienne les attaques simultanées des deux ailes marocaines, pour renforcer son centre où il avait entassé ses troupes les plus aguerries. Les charges désespérées de la noblesse portugaise vinrent se briser contre la muraille de fer et d'acier de ces barbares qui mêlaient aux feux incessants de leur mousqueterie et aux éclats de leurs canons, les imprécations et les anathèmes contre les chrétiens dont ils insultaient sauvagement l'agonie, dont ils savouraient avec délices les trépas affreux et multiples. En moins d'une heure, tous ces escadrons naguère si brillants furent couchés dans la poussière et mêlèrent des flots de sang au fleuve de sang chrétien qui humectait déjà le sable de ce vestibule du désert (1).

Pour compléter la catastrophe, pour porter le dernier coup à l'épouvante générale, le fatal et sinistre cri de *sauve qui peut!* parcourut ce qui restait encore de la ligne de bataille des soldats chrétiens (2). En un instant ce qu'il y avait encore de combattants valides ou légèrement blessés sur champ de bataille, prit honteusement la fuite et se dirigea vers la mer; mais cette couardise fut punie; les Arabes montés sur des chevaux plus rapides que le vent, les atteignirent, les massacrèrent et leur coupèrent la tête; un très petit nombre de ces fuyards parvinrent à gagner les vaisseaux de l'amiral de Souza, battus par la tempête et le canon des Marocains.

Il était neuf heures du soir et le combat avait

(1) La noblesse portugaise périt *tout entière* à la bataille d'Alcaçar. Aucun chevalier de ces escadrons sacrés ne voulut accepter la vie avec l'esclavage. Les Arabes les égorgèrent tous, les blessés d'abord, les prisonniers ensuite.

(2) On assure que ce furent les renégats, au service de l'armée marocaine de Muley-Abdeck qui poussèrent ce cri funeste de *sauve qui peut.*

duré quatorze heures avec un acharnement sans égal. Peu d'instants après la victoire sarrazine, il ne restait plus un être vivant sur ce vaste champ de bataille. Les vainqueurs stupéfaits de leur triomphe s'étaient enfuis dans leurs déserts et dans leurs oasis, emportant avec eux les têtes des soldats chrétiens; tristes et déplorables trophées que l'Europe aurait dû aller reconquérir au nom de l'humanité, si ce n'eût été au nom de la religion! Le peu de Portugais survivant à cet affreux massacre avaient gagné la flotte ou s'étaient cachés dans des anfractuosités de rochers, et sur cette arène pleine de bruit et de tumulte tout à l'heure, on n'entendait plus que le dernier râle des mourants et les soupirs solennels des blessés, qui allaient passer de la souffrance à l'agonie et de l'agonie à la mort.

Il y avait là dix-huit mille cadavres de chrétiens couchés côte à côte comme des épis que le moissonneur vient de faucher. C'était une effroyable hécatombe!

Deux monarques devaient se trouver parmi

les morts, Mohamed, le jeune roi de Maroc, et Dom Sébastien, roi de Portugal.

Quant au vieux Muley Abdeck, il avait préparé la victoire, mais il n'eut pas le temps d'en saturer ses yeux. Lorsque ses troupes entonnèrent le chant du triomphe, il n'était déjà plus qu'un cadavre. Les étendards enlevés à l'armée chrétienne vinrent orner vainement les colonnes d'or et d'ébène de son palanquin. Tous les usurpateurs n'expirent pas dans un linceul de victoire !

Cependant la lune s'était levée belle, calme et radieuse, comme pour éclairer encore ce champ de carnage; les étoiles scintillaient avec éclat, peut-être pour célébrer l'arrivée dans les orbes célestes de tant d'âmes de héros et de martyrs. Le firmament était pur et placide au levant et la voûte bleue n'était nébulée par aucune vapeur; à l'occident, une légère teinte d'ocre et de pourpre attestait le récent coucher de l'astre du jour; c'était le testament éphémère du soleil. Le silence était partout sur la terre, sur la mer et dans les airs; seulement on apercevait au loin dans les hautes régions comme des points noirs qui sortaient de l'horizon. C'étaient les aigles et les vautours de l'Atlas qui, avertis par l'odeur de la poudre et dirigés par on ne sait quel lugubre instinct, arrivaient à tire d'ailes pour s'abattre à l'immense festin que la barbarie et la stupide cruauté des hommes leur avaient préparé.

Sur les minarets, la voix des imans avait cessé de faire entendre les avertissements de la dernière prière du soir. Minuit allait se marquer sur les clepsydres du palais, — sans rois, — de Maroc et d'Arzew, lorsqu'une femme couverte d'une longue tunique bleue et le visage caché par un voile blanc, apparut tout à coup sur le sol encore palpitant du champ de bataille d'Alcaçar, entourée d'un grand nombre d'esclaves éthiopiens portant d'ardents flambeaux de résine et précédée d'un maure, qu'à son costume moitié portugais, moitié mahométan, on pouvait reconnaître pour un partisan de Mohamed ou pour un serviteur de Dom Sébastien.

Cette femme elle-même portait une torche entre ses mains frémissantes; on eût dit, à la voir si majestueusement triste, si douloureusement curieuse, Cérès cherchant par les monts et les vallées de la terre, sa fille Proserpine enlevée par le dieu des enfers.

La jeune femme, — car elle était jeune et belle, — explorait tous les sites du champ de bataille, fouillait dans tous les tas de cadavres, interrogeait toutes les figures chrétiennes endormies du sommeil de la mort sur le duvet sablonneux du désert.

— Allah! s'écria la jeune femme en élevant vers le ciel ses yeux mouillés de larmes, vous m'avez accordé la grâce de retrouver les restes de mon malheureux frère Mohamed, faites-moi aussi la faveur de retrouver ceux du roi de Portugal afin que je puisse donner à ces deux amis, à ces deux frères d'armes, à ces deux êtres si chers à mon cœur, la sépulture que l'on doit aux vaillants, aux fidèles, aux vertueux!!

Avons-nous besoin de dire, nous historien modeste de cette épopée du xvie siècle, que cette femme si belle et si affligée était Zoraïde la sœur du roi Mohamed, l'ambassadrice à Lisbonne, la dame des pensées de Dom Sébastien même au milieu des combats?

Et ce Maure qui la précédait était cet Hamdil, cet esclave, que Dom Sébastien avait racheté, et qui avait voué à son libérateur ce culte de dévouement et d'affection qu'on ne rencontre plus guère aujourd'hui chez les serviteurs de quelque communion qu'ils soient. Le niveau philosophique en passant sur toutes les religions a passé aussi sur toutes les vertus.

Au moment de charger sur les Arabes avec sa noblesse, Dom Sébastien poussé par un sentiment de sollicitude facile à deviner, avait envoyé le Maure Hamdil au palais de Baboum-Saïne auprès de la princesse Zoraïde. En vain le brave Hamdil qui brûlait de rester et de combattre à ses côtés, avait-il voulu résister à l'ordre de son maître, un *je le veux* de Dom Sébastien avait contraint le Maure d'obéir : il avait voulu partager les funérailles martiales de son souverain, il vécut pour lui assurer un cercueil.

Hamdil qui se penchait avec anxiété sur tous

ces monceaux de cadavres, poussa un cri :

— Le voilà ! le voilà ! clama-t-il d'une voix franchement émue.

On approcha en cercle les flambeaux.

Dom Sébastien était entièrement nu, car la rapacité des Arabes avait enlevé aux chrétiens jusqu'aux derniers vêtements qui recouvrent l'homme mort aussi bien que l'homme vivant.

Le roi de Portugal était donc là, pressé par les inertes membres de ceux qu'il avait immolés, entouré comme pendant le combat de ses plus fidèles chevaliers qui semblaient lui faire encore un rempart de leur corps.

Zoraïde surmontant une pudeur qui, dans un pareil moment, n'eût été que l'hypocrisie, regarda fixement, les yeux secs d'angoisse et d'affliction, ces restes inanimés.

— Mais, s'écria-t-elle, ces traits je ne puis les voir ! je ne puis les reconnaître !!

La figure de Dom Sébastien était en effet méconnaissable ; il avait reçu trente-trois coups de yatagan sur la tête, tellement hachée que les Arabes n'avaient pas voulu la couper. Le sang qui s'était échappé de ces épouvantables blessures, s'était figé dans sa chevelure et glacé sur son visage.

— Je n'ai pas besoin, dit Hamdil, de voir ses traits. Voici l'olive qu'il avait sur sa poitrine (1), et voici, ajouta-t-il encore en lui prenant la main, la bague d'or qu'il portait depuis six mois et qu'il baisait à chaque heure du jour.

Zoraïde tressaillit.

— Hamdil, dit-elle d'une voix brisée, prenez soin de votre maître ou de ce qui fut votre maître.

Et le corps fut pieusement placé sur les coussins d'un palanquin splendidement royal et le funèbre cortège se mit en marche, abandonnant le champ de bataille d'Alcaçar, aux tigres, aux chacals et aux oiseaux de proie qui, depuis les guerres de Mithridate et de Pompée, ne s'étaient pas trouvés conviés à un plus vaste et plus horrible festin.

(1) Dom Sébastien portait, au milieu de la poitrine, une olive parfaitement marquée et les astrologues du temps, qui tirèrent l'horoscope du jeune prince lors de sa naissance, ne manquèrent pas d'assurer que, d'après ce signe, il serait un roi pacifique. Or, si Dom Sébastien avait vécu pour l'honneur de son siècle et pour la gloire du Portugal, il eût été un conquérant. Croyez donc aux astrologues!

Quelques jours après, un magnifique catafalque était dressé dans la cour du palais de Baboun-Saine. On célébrait les funérailles de Zoraïde, qui n'avait pu survivre à son royal amant!!!...

. . . .

. . . .

FIN.

TABLE

	Pages.
Préface.	V
CHAPITRE Ier. — Les fêtes du couronnement.	1
CHAPITRE II. — L'aurore d'un nouveau règne.	25
CHAPITRE III. — L'ambassade	51
CHAPITRE IV. — La bataille d'Alcaçar	75

www.ingramcontent.com/pod-product-compliance
Lightning Source LLC
Chambersburg PA
CBHW070244100426
42743CB00011B/2127